心の強い子どもを育てる

ネット時代の親子関係

石川結貴
Ishikawa Yuki

花伝社

心の強い子どもを育てる◆目次

はじめに

今ほど、子どもや子育てを取り巻く環境が見えにくい時代はないのではないか、と思う。そして今後ますます、より複雑で、より多様な問題が生まれてくるのではないか、と危惧している。

たとえば、「友達との関係」について。子どもが育つ上で、友達との交流や友達の力が大切なのは言うまでもない。だから、多くの親は、我が子にいい友達ができてほしいと願うし、どういう友達とつきあっているのか気になるし、友達との関係に悩んでいる様子が見られたりするととても心配になる。

子どもから、「友達はみんなゲーム機を持ってるよ」などと言われれば、ついかわいそうな気がして、今度のクリスマスには買ってやろうかと心が動く。まして、子どもの友達が続々とスマートフォン（スマホ）を持つようになれば、親たちは「我が子にも必要かな」と感じるだろう。

現に子どもは、「同じ班の友達は自分専用のパソコンを使ってる」とか、「スマホがないと友達とつきあえない」とか、「ネットをやらないと情報に乗り遅れる」などと言うものだ。親にすれば、我が子が友達とうまくいくように、ネット社会に適応できるように、そんな優しい親心で最新のスマートフォンを買い与える。

さて、そこから先はどうなるだろう。子どもは親から与えられたスマートフォンを通じて、確かに「友達との関係」を保てる。メールを交換したり、絵文字で今の状況を伝えあったり、同じ音楽をダウンロードしたり、無料通話アプリを使って長電話をしたり、と実にたくさんのコミュニケーションが可能となる。

ところが一方で、親には子どもの世界が見えにくくなる。誰とメール交換しているのか、その内容は何か、なぜずっとスマホを手放さないのか、アドレス帳に見知らぬ名前が登録されている、「友達に会う」と言って出かけようとするが行き先を教えない……。こんなふうに、親には「わからない」ことがどんどん増えていく。

おまけに、スマートフォンを通じての友達関係は、いいことばかりとは限らない。宿題に取り組んでいる時間だろうと、真夜中だろうと、外出先だろうと、いつでもどこでも友達とつながっていられるが、それは反面、「絶えず友達を意識していなくてはならない」というプレッシャーにもなりうる。

子どもの現場を取材していると、今までの常識や子育て論では通じない現象が起きていると痛感する。今述べた「友達との関係」はその一例だ。

子どもは友達といい関係を築きたくて、親のほうも同じかそれ以上に「子どもの友達関係」を大切にしたくて、スマートフォンやパソコンを使わせる。子も親もよかれと思って、あるいは時代の流れに乗って、便利な機器を手にする。実際、社会の状況を考えたとき、子どもたちから一切のネット環境を遠ざけることはほぼ不可能だ。

むろん、たくさんのメリットがあることは言うまでもないが、デメリットのほうも避けて通るのがむずかしい。

友達からじゃんじゃんメールが届く、メールに書いた言葉で友達が怒ってしまった、友達から返信がこないと「嫌われたかな」と不安になる、クラスの誰かが自分の悪口をメールで流している、知らない人からメールが送られてきた、友達にＬＩＮＥ※登録を誘われた、無料のスマホゲームをはじめたらやめられなくなった、友達と一緒に撮った写真が無断でネットに掲載された……、挙げればキリがないほど、子どもたちは「困った」ことに直面する。

よかれと思って便利な機器を手にしたのに、親のほうはわからないことが増え、子どものほうも困ったことが増える。とはいえ、それらはありがちな、表面的な問題に過ぎない。

本当に子どもたちを困らせ、悩ませているのは、「わかったふうな親の存在」なのだ。

今では親たちもスマホやパソコンを使っている。ひととおりの操作方法は知っているし、日常の、あたりまえの生活用品だろう。子どもがスマホを持ったとき、使い方を心配したり、前述したような友達関係が見えにくい不安はあっても、ほとんどの親は表面的な問題だけを見て、わかったふうに子どもに接する。

たとえば、子どもから「グループの友達はみんなスマホを持っている。私もケータイをやめてスマホに替えたい」と言われたとき、親のほうは、ケータイか、それともスマホか、という機種変更について考えがちだ。

そして、「まだケータイが使えるのにもったいない」とか、「スマホにしたら料金が高いでしょ」とか、「みんなが持ってるからって、おまえまで真似する必要はない」などと説教っぽく言ってしまわないだろうか。

だが、子どもの心の中は違うのだ。ケータイか、それともスマホか、単純な機種変更を望んでいるのではない。子どもが言おうとしている「本質」は、グループの友達はみんな、のほうにある。

スマホを持たないと入っていけない人間関係、別の言い方をすれば、所属する仲間から疎外される怖さや、周囲と同調できず浮いてしまう危機感、それが子どもにとって切実な問題なのだ。

スマホという「モノ」を得られるかどうかではなく、つながりのある「人」を失わないか、ここにひっ迫しているのである。

おまけに、そうした切実さが親には全然伝わらない。なまじ機器を使いこなせる親たちは、いかにも「わかったふう」に、やれ学割プランだの、フィルタリングだの、人気のアプリだのは気にする。だが、子どもの心の中にあるプレッシャーや焦りには、なかなか思いが及ばない。

なぜなら、親たちはケータイもスマホもない子ども時代を過ごし、そうした機器を通じて展開される「子どもだけの閉じたコミュニティ」を体感していないからだ。

実のところ私自身、大きな困惑とつかみどころのなさを覚えながら、子どもの現場を取材している。家族や教育問題について二十年以上の取材実績があり、二人の息子を持つ母親でもあるが、かつてのどんな現場より、今の子どもの世界観を理解するのがむずかしい。

こう書くと、なんだか救いようがないなぁ、と思われるかもしれないが、決して暗い話を書こうとしているのではない。むしろ、今の子どもたちが本当に必要とする「生きる力」について、これが本書のテーマだ。

豊かな社会環境がもたらすメリットを享受する一方で、これまでは考えられなかったデメリットにどう対応していくか。

普遍的な親子の絆を持ちつつも、時代に即した新しい関係をどんなふうに作っていくか。要は、子育ての理想を踏まえた上でしっかりと現実に向き合い、子どもによりよい未来をもたらすことが求められる。

子どもたちの世界は、今、大きく変化している。以前なら十年、二十年単位で進んでいたものが、ほんの二、三年で加速度的に変わっている。ネット環境、友達関係、学校内の空気、地域社会の空洞化、将来への閉塞感、多様な悩みが彼らに押し寄せている。

だからこそ、子どもに関わるすべての人は、彼らの現状を知り、リアルな声に耳を傾け、ともに悩み、考えてほしい。

もはや、親から子への一方通行では子どもは育たない。子ども自身が自分を守り、真の力を発揮し、みずからの人生に果敢に立ち向かえるように、彼らの心の強さを育んでほしい。

※ＬＩＮＥ：スマートフォン用の無料通信・通話アプリ。グループ内で簡単にメッセージ交換ができたり、無料通話が楽しめる。「スタンプ」と呼ばれるイラスト、ゲーム、写真、動画など多彩な機能がある。

第1章

英語・コミュ力・強いメンタル

同級生は外国人

首都圏には珍しい大雪が降った日の夕方、北関東にある小さな駅の待合室でローカル線の電車を待っていた。板張りの長椅子には座布団が敷かれ、天井に設置されたエアコンから暖房の温風が出てくるが、降り積もった雪のせいか寒さが身に沁みる。

雪の影響で電車の運行も大幅に遅れるという。時間の経過とともに待合室は人が多くなり、塾にでも通うのか、学校を終えた子どもたちが続々と集まってきた。

中学生らしい集団の中に、見覚えのある制服があった。つい一時間ほど前まで、私が講演をしていた中学校の制服だ。

その日の演題は、「中学生のネット利用」について。当の学校では携帯電話の持ち込み禁止のはず、おまけにどう見ても学校帰りの様子だが、ご多分にもれず皆一斉にスマートフォン（スマホ）を手にしている。

「あっ、こんにちは」

私の姿を認めた五人の男子中学生が、バツの悪そうな顔で挨拶してくれた。なにしろ「禁止」のスマホを持っているところをバッチリ見られてしまったのだ。

私は座っていた長椅子から立ち上がり、待合室の隅に移動すると、「おいで、おいで」

というように手招きした。呼ばれた彼らは、スマホのことをとがめられるとでも思ったのか、緊張した顔で近づいてくる。

「ちょっと聞きたいことがあるんだけど。スマホのことじゃないから安心してね」

五人はホッとした表情になったが、いったい何を尋ねられるのかと慎重な態度を崩さない。

「さっき、私が講演をしていたとき、体育館に全校生徒が集まってたでしょ？　たぶん全部で三百人くらいいたと思うけど、その中に外国人の生徒が結構いるように見えたの」

中学生のネット利用について講演した私から、いきなり「外国人の生徒」の話を持ち出されて、彼らはちょっと面喰らっている。それでも、ひとりの男子生徒がおもむろに口を開いた。

「ああ、外国人多いですよ。うちのクラスだけでも、今は六人いるし。学校全体だとどれくらい？」

彼は隣に立つ生徒の顔を見る。

「うーん、正確にはわかんないけど、だいたい五十人はいるよな。この一年くらいは、マジで外国人増えたよなぁ」

彼の言葉を受けて、ほかの生徒が、うんうん、とうなずく。

およそ三百人の全校生徒のうち五十人が外国人の生徒とすると、六人に一人の割合だ。一学級の生徒数が三十数人というから、各クラスに平均五人は外国人の生徒がいることになる。

「一番多いのがパキスタンだっけ？　あと、バングラデシュも増えてるって感じ？」

「うん。うちのクラスは六人のうち三人がパキスタンで、三人がバングラデシュ」

「何組だっけ？　インドネシアだかネパールだかもいるんじゃね？」

「いるいる。ってか、ネパールってどのへんにある？」

五人は、いかにもイマドキの中学生らしい屈託のなさで話しはじめたが、その口から出てくる国名もまたイマドキだった。

数年前まで、外国からの出稼ぎ労働者といったら、中国やフィリピン、ブラジルといったところが主流だった。地方の工場で働いたり、農業研修を受ける親に連れられて来日した子どもが日本の学校に転入するケースも相次いだ。

今もその流れはつづいているだろうが、中学生たちが挙げた国名には、グローバル化の急速な広がりを感じる。パキスタンやバングラデシュといったあまりなじみのない国からも少なからず人々が流入し、おそらくは安い労働力となっているのだ。

「パスキタンとかバングラデシュからの転入生かぁ。きみたちは、そういう外国人の生徒と何語でしゃべってるの？」

私の問いに、中学生たちは一瞬言葉を詰まらせ、互いの顔を見合わせた。

「しゃべんないよなぁ」

「うん。だいたいあいつらって何語でしゃべってた？　学校に慣れて、少し日本語ができるようになると日本語？」

「だっけ？　日本語覚えるのわりと早いもんな。半年くらいでカタコトはできるんじゃね？」

「学校の授業とは別に、日本語学級とかあるんですよ。そこに通ってるから日本語はかなり早く覚えるよな？」

「まぁでも外国人は外国人で固まるっつーか。俺らとは絡まないよな？」

「女子とかで、多少つるんでるやつもいるけどなぁ……」

ひとしきり彼らの会話がつづいたあとで、私はまた口を開いた。

「外国人の生徒から、彼らの国の言葉を教えてもらうことってある？」

「えー？　ないないっ！」

「バングラデシュ語とか、ありえねぇー」

何がおかしいのか、彼らは「ギャハハ」と大笑いしながら即答する。

「でもせっかく同じクラスに外国人の子がいるんだし、その子たちの国の言葉を教えてもらえば、将来何かの役に立つかもよ。今はまだあまり豊かでない国でも、これからの経済成長を考えたら、パキスタンとかバングラデシュの言葉を覚えてもいいんじゃない？」

そう水を向けてみたが、彼らはやはり即答で否定する。

「いくら成長とか言われても、さすがにバングラデシュ語とかありえないっしょ。ワケわかんないし、ダサすぎ！」

「そんな言葉覚えても、フツー使えない」

「そうそう。英語だったらいいと思うけど」

彼らの口から「英語」という言葉が出たところで、私はこう返した。

「英語か、それいいじゃない。外国人の子とは英語でしゃべったら？　きみたち英語習ってるでしょ」

五人はまたも互いの顔を見合わせると、困ったような苦笑いを浮かべた。

「マジですかぁ？　それ、無理、無理」

「しゃべれるわけないよな、英語なんて」

「ノー、ノー、おいらはノー（脳）がねぇー！　ブハハッ」

思わず吹き出しながらギャグを言う生徒がいて、まわりの子どもたちも身をよじって笑う。

「いやちょっと待って。笑いごとじゃないよ。きみたちの学校にいる外国人の生徒は、意外と英語が話せるんじゃないの？」

ハッと我に返ったように、彼らは急に神妙な顔つきになった。

「うー、痛いところ突かれた。ですよねぇ、そうそう。あいつら、英語がちょっとしゃべれるんですよ」

「ＡＬＴ※の先生と、英語でなんかしゃべってるの見たことあるし」

「それ言うなら、パキスタン人とバングラデシュ人が英語でしゃべってたよ。何言ってんのか、俺にはぜーんぜんわかんなかったけど」

「うわっ、マジ？　やべー、こえー」

神妙な顔つきから一転し、例のギャグ生徒が体をクネクネさせながら甲高い声を張り上げる。その様子に、ほかの子どもたちもつられたように爆笑する（ここで出た「やべー（やばい）」や「こえー（怖い）」は一種の褒め言葉で、「すごい」、「びっくりした」という意味で使われている）。

外国人の生徒が多少の英語を話せるといっても、むろんネイティブではないから発音や文法はかなり怪しいだろう。もしかしたら適当な単語やボディランゲージを組み合わせて、かろうじてコミュニケーションを取っていたのかもしれない。

それでも、仮にこうした外国人の生徒が中学校の授業にまじめに取り組み、「正しい英語と日本語」を習得すれば、母国語と合わせて三カ国語、つまりトリリンガル（三カ国語を操る人）となれる。

一方、私の目の前にいる男子中学生たちは日本語こそ達者だが、英語に関しては「おいらはノー（脳）がない」などとギャグをかましているお寒い状況。トリリンガルどころか、バイリンガル（二カ国語を操る人）になるのも厳しいのではないだろうか。

※ＡＬＴ：Assistant Language Teacher ＝外国語指導助手。おもに公立の小中高校で日本人の英語教師を補助する外国人英語指導員のこと。

英語とコミュニケーション

こうした中学生の様子を書くと、「そんなに英語が苦手なのか」と思われるだろう。

実際、中学生たちは自分の英語力にあまり自信を持っていない。ベネッセ教育総合研究所が実施した『第一回中学英語に関する基本調査』（二〇〇九年）によると、「英語がとても得意」と答えた中学生は八・〇％、「やや得意」が二九・五％。一方で、「やや苦手」は三二・五％、「とても苦手」が二九・三％と、六割以上が苦手意識を持つ。しかも、およそ三人に一人の生徒は、英語が「とても苦手」なのだ。

もっとも、苦手といえどもその必要性は感じている。「自分たちがおとなになる頃には、今よりも英語を話す必要がある」と考える中学生が七一・一％。「英語ができると将来いい仕事につける」が四六・一％。「将来、外国に留学したい」と答えた中学生も二〇・四％いた。

同様の思いは、親たちにも根強い。小中学生の子どもを持つ親を取材すると、「いつから英語を習わせればいいか」とか、「やはり英語力がなければ、将来の就職が厳しいでしょうね」などという声が頻繁に出る。

楽天やユニクロといった大手企業に英語を社内公用語とする動きがあったり、事業所や工場の海外進出があたりまえのように行われる昨今、親たちは我が子の英語力に敏感にならざるを得ないだろう。

そうした空気を反映してか、英語教育強化への動きが活発になっている。二〇一三年五月に政府が公表した「教育再生実行会議第三次提言」では、小学校英語の教科化という方針が盛り込まれた。

すでに二〇一一年から国公立小学校の五年生、六年生を対象に、週に一回の英語の時間（正式名称は外国語活動）が必修化されている。ただし、正式な教科ではないため、教科書もなければ成績の評価もない。要は、「英語に慣れ親しむ」といった活動だ。先の提言では、これを「教科」にするとともに、実施学年の早期化や指導時間の増加、専任教員配置などの検討を求めている。

また、二〇〇九年に全面改訂された高校の学習指導要領では、「英語の授業は英語で行うことを基本とする」と明記された。四年間の移行期間を経て、二〇一三年四月から全国の公立高校一年生を対象に「英語による英語の授業」が実施されている。

世の中の流れが急速にグローバル化していることはあきらかだし、今後ますます英語力へのニーズは高まるだろう。英語ができれば将来はバラ色、子どもにはバイリンガルとして活躍してほしい、そんな夢を持つ親も少なくない。現に、幼児向け英語教室は盛況だし、英語の授業を実施している私立小学校は相変わらずの人気だ。わざわざ高い学費を払って、外国人向けのインターナショナルスクールに子どもを入学させる親もいる。

私が仕事をするマスコミ業界には、語学が堪能な人が少なくない。親しくしている女友達のひとりはアメリカ在住のジャーナリストで、長年ＡＢＣやＣＮＮで活躍したバイリンガルだ。シンガポールやインドのムンバイの企業で働く知人もいて、ときどき一緒に食事をしたりする。

彼らと交流する中で痛感するのが、「英語だけ」ではダメということ。英語力はむろん必要だがあくまでもひとつの手段に過ぎない、そう彼らは口をそろえる。

英語に限らず、中国語でもタイ語でもスペイン語でも、とにかく現地の言葉が話せることは大切だが、それだけでは生活していくのがむずかしい。言葉が話せる、というより、その言葉をどう使い何をしていくか、こちらのほうがよほど重要、そんな共通認識である。

たとえば英語をパソコンに置き換えてみよう。パソコンを持っているだけでは、ただ便利な機械が目の前に置かれているに過ぎない。そのパソコンを使って何をするか、何がしたいか、この意識があってはじめて単なる機械が多くの可能性を生む。インターネット検索をしてさまざまな情報を収集したり、新しい知識を学んだり、誰かと友達になったり、仕事に役立てたり、そうしたことができてこそパソコンは便利な機械になるわけだ。

同様に、英語を使って自分の意思や意見をしっかり伝えたり、相手を深く理解したり、異なる文化や生活に適応していくことが真の英語力と言えるだろう。要は、英語という手段を使ってどんなコミュニケーションができるか、相互理解が生まれるか、が問われる。

そしてこのコミュニケーションこそが、イマドキの子どもにとっては「鬼門」になっている気がするのだ。

誰とでも仲良くしようとすれば、誰からも仲良くしてもらえない

ローカル駅の待合室で会った五人の男子中学生は、間近にたくさんの外国人の同級生がいながら、まったく交流していなかった。彼らはその理由を、「外国人の生徒は日本語が話せないから」、「自分たちにも英語力がないから」と語っていた。

だが、外国人と交流しないのは、本当に「言葉の壁」が理由なのだろうか。パキスタンの子と友達になりたいとか、彼らを助けたいとか、海外の様子を教えてほしいとか、なんらかの仲良くしようという意識があれば、身振り手振りでも、カタコトの英語でもコミュニケーションは取れるだろう。

問題は言葉の壁ではないと私は思う。ならば、中学生たちのコミュニケーション能力が足りないからだろうか。

確かに日本人は外国人を前に臆する傾向があるし、自分から進んで交流していこうといった積極性に欠けるところもある。だが、外国人の生徒は、見知らぬ国の、言葉も通じない学校に転入してきたわけで、日本人の生徒のほうが物理的にも心理的にもはるかに優位に立っているはずだ。

学用品を貸してやるついでにちょっと話しかけるとか、一緒に給食を食べながら簡単な

日本語を教えてあげるとか、やろうと思えばいくらでも交流のチャンスはあるだろう。

まして、イマドキの子どもは、おとなに比べればはるかに外国人慣れしている。海外の音楽や映像にも日常的にふれているし、地元で働く外国人労働者も少なくない。相手が外国人というだけの理由で、苦手意識を持つとは考えにくい。

そもそも五人の中学生は物おじせず、積極的なタイプだった。私の前でギャグをかましたり、屈託なく大笑いしたり、どう見ても明るくノリのいい中学生だ。

それでも現実、男子生徒たちは外国人の同級生と交流していない。私の取材経験からの憶測になってしまうのだが、おそらく彼らは「あえてコミュニケーションを取らない」のだ。

子どもの現場を取材していると、独自の空気感が非常に重要視されている。俗にいう「空気を読む／読まない」ということだが、子ども同士の関係ではこれがより複雑に絡み合っている。

「空気を乱す」のは許されないし、「空気からはずれる」のは浮いたと見なされ、非難の的となる。「空気を保つ」ために、彼らは実に高度なコミュニケーションを駆使しているし、「空気に乗り遅れない」よう細心の注意を払う。

要は、コミュニケーション能力が足りないのではなく、彼ら独自の高度なコミュニケーションを重視するからこそ、自分たちの空気が理解できない人間とは関わろうとしない。

仮に男子生徒の中の誰かが英語を話せたとしても、外国人の同級生との交流はすんなりとはいかないだろう。なにしろ相手は「空気が読めない」のだ。そういう人間と仲良くなることは、自分が今までの仲間からはずれることになってしまう。

おとなの側から見ると、五人の中学生がいかにも「仲間意識の塊《かたまり》」で、狭い関係性にこだわっているように感じるだろう。「誰とでも仲良くしなさい」とか、「広い心で友達に接するのが大事」とか、「グローバル化しているんだから、もっと外国人とつきあいなさい」などと、説教のひとつも言いたくなるかもしれない。

だが、イマドキの子どもたちはそう簡単に「誰とでも仲良く」はできない。

誰とでも仲良くしようとすれば、結局、誰からも仲良くしてもらえない、そんな現実があるからだ。

トモとの関係でお腹いっぱい

「親とか先生は、ほんとうちらのことがわかってない。誰とでも仲良くなりなさいとか言うけど、そんなことできるわけないじゃん、って感じですよ」

神奈川県に住む私立中学二年生の真奈さんは、困ったような笑いを浮かべて言った。彼女は同じクラスの女子生徒のうち三人と「トモ」の関係だ。ちなみにトモとは、より親しい友達という意味。トモの三人以外に、まぁまぁ仲のいい友達を意味する「ダチ」が二、三人いるが、そのほかの女子生徒とはまったくつきあいがない。

「とりあえず、私を入れて四人グループになってるわけですけど、四人のトモ関係だけでもうお腹いっぱい。誰かほかの子と組もうとか、そんな心の余裕ないんですよ。だいたい、ほかの子に目移りするとか空気として許されないし。うっかり、別のグループの女子と絡んだりすると、あとからトモの子に、『さっき、何しゃべってた?』とかマジ顔で突っ込まれちゃうんで……」

ほんの少しでも仲間からはずれることは許されない――。真奈さんが語る「トモとの関係」は、なんとも窮屈に見える。彼女自身もその窮屈さは感じているが、それでもトモはなくてはならないものだという。どこにも所属していない、誰からも仲間として受け入れられないような女の子には絶対になりたくないからだ。

実は真奈さんには苦い思い出がある。小学五年生と六年生の二年間、クラスの女子から浮いていたのだ。いわゆる仲間はずれとは少し違い、軽くおしゃべりしたり、ときどき一緒に行動することはあった。

だが、女の子特有の濃い関係、たとえばおそろいの文房具を持つとか、好きな男子について情報交換するとか、毎日メール交換するといった深いつきあいはできなかった。要は「トモ」と呼べるような女の子が、誰ひとりいなかったのだ。

「そのころの私って、誰にでもいい顔しちゃうような、いい子ちゃんタイプだったんです。クラス委員をやってたこともあって、みんな平等、一緒に力を合わせよう、みたいなヘンな熱さを持ってたんですね。でも、そういう子って結局浮きまくるんですよ。誰とでも同じように仲良くしようなんて広い心を持っちゃうと、逆に誰からもまともに相手にされない。たとえば体育の授業で、二人一組になりなさいとかあるでしょ? でも、そういうとき私は、しらーっとスルーされちゃう。嫌われてるとか、避けられてるわけじゃないんだけど、自然な感じで受け入れてくれる子がいない。みんな、私のことをどっか偽善っぽく思ってたんでしょうね」

中学受験を経て入学した私立中学で、真奈さんはそれまでの自分を一変させた。誰とでも仲良くなどという「偽善」をやめて、自分が所属できそうなグループを嗅ぎ分け、すぐに仲間に入れてもらった。

そうして得たトモとの関係だが、いざはじまってみると毎日が大変だ。「何を話題にするか」といったことだけでも、微妙な空気を読みながら、仲間に気配り、目配りをして話を振らなくてはならない。うっかり空気を読み損ねて話題をはずしてしまうと、ああすればよかった、こうすればよかったと落ち込んでしまう。

「この前、体重のことが話題になった。たまたま私がヨーグルトダイエットしてちょっと痩せたんで、そのことをみんなに話したの。別に自慢したつもりはないんだけど、ほかの子の気分悪くさせちゃったみたいで。いいなぁ、とか言いながら、目が笑ってないし。やばぁ、話題はずしちゃったよ、って落ち込んじゃった」

四人の中で目立ちすぎてもダメだし、暗すぎてもいけない。みんなに同調しなくてはならないが、背伸びして合わせすぎると「無理しちゃって」と冷めた目で見られる。

絶えず仲間との関係を意識し、円滑なコミュニケーションが取れるようにと気を使っているので、もうそれだけで「お腹いっぱい」、ほかの生徒と仲良くなろうなどという余裕はないのだ。

どんなキャラとして見られているか

真奈さんと同様の話をする子どもたちは少なくない。仲間に所属することがとにかく大事で、一旦所属したら仲間との関係をうまく保ち、そのためには仲間同士の空気を読む、そんなふうに必死なのだ。

おまけに、仲間から求められる「キャラ」でいなくてはならない。イマドキの子どもたちにとっては空気を読むことと同じくらい、周囲にウケのいい「キャラを作る」ことも重要だ。

キャラとはキャラクター、直訳すると性格ということになるが、子どもたちの間では「役」というような意味で捉えられている。ゲームキャラクターと考えるとわかりやすい。ゲームには、戦士、姫、森の妖精、仙人、悪の大王、道化師、猛獣使いなどさまざまな登場人物がいる。キャラクターごとに使える能力や武器が違ったり、活躍できる場所が決められていたりする。

同様に、子どもたちにとってのキャラは、「おもしろい役」とか、「仕切り役」とか、「場所や場面ごとに強い者が入れ替わる」といった感覚で使われる。

たとえば、教室の中では「おとぼけキャラ」、塾に行ったら「まじめキャラ」、誰かの家に集まって遊ぶときには「パシリ（使いっぱしり）キャラ」といったように。

数年前からは「陰《いん》キャラ」なる言葉も登場している。陰キャラとは、「陰気」と「キャラクター」を組み合わせた造語で、暗くて地味なタイプ、嫌われ者といった意味だ。一旦こうしたレッテルが貼られると、クラスや仲間内で孤立してしまう。自分がどういうキャラとして見られているのか、そこにも敏感にならざるを得ない。

茨城県に住む中学三年生の卓也君は、入学以来ずっと「いじられキャラ」だったという。クラス替えがあるたびに所属する仲間は変わったが、周囲にからかわれたり、突っ込まれたりする立場はそのままだ。

「お笑いのボケとツッコミみたいに、まわりからいじられて笑いを取る人間ってやっぱ必要なんですよ。まぁ個人的には、あんまり楽しくはない。内心すごくストレスもたまるし、いい加減にしろよ、って思うことも結構あります。ただ、自分的には笑ってやり返せる強さもあるんで……。やられっぱなしだったらたまんないだろうけど、いいや、おまえら今だけ許してやるよ、って感じかな」

卓也君は「いじられる自分」にストレスを感じながらも、なるべくわりきるようにしている。学校内で固定化されたキャラはそう簡単に覆せないし、ボケ役に徹して笑いを取ることで仲間同士のコミュニケーションが円滑になっているとも感じるからだ。

ただし、彼も言うように「やられっぱなしだったらたまらない」だろう。卓也君はクラスの中で展開されるいくつかのエピソードを教えてくれた。

「いじり」で相手を翻弄する

たとえば、「拒否る」（拒否する）ということ。

「同じ班のヤツが筆箱を忘れたとするでしょ。そいつは近くの席に座っている子に、余ってるシャーペン貸して、とか言うわけです。でも、ヤダってソッコー拒否される。別の子にも声かけて頼むんだけど、みんな拒否る。ダーメ、余ってない、って冷たく言われちゃうんです」

おとなの側からすると、忘れ物をした子をみんなでいじめているように感じるが、卓也君の言い分によると、これが「いじり」なのだ。

「貸して」と言われて、すぐに「いいよ」と言ってしまうと、忘れ物をした子は自分のミスをなかなか自覚できない。要は、失敗を甘やかすことになったり、何度も繰り返すことにつながりかねない。

だから、まずは周囲が「拒否る」のだという。そうすることで、忘れ物をした生徒は自分のミスや甘えを反省する。単に相手を困らせたり、かわいそうな目に遭わせているのではなく、むしろ「相手のためを思って拒否する」という奇妙な論理なのだ。

「まわりから拒否られたヤツは、だいたい二種類の反応をしますね。いじりをまともに受けちゃって傷つくタイプと、おねがぁーい、誰か貸してよぉ、みたいにめげないタイプ。傷つくヤツはそのままシカト（無視）されちゃう。でも、めげないヤツは、まぁ俺みたいなタイプですけど、しょうがねえな、貸してやるよって、救ってもらえる。拒否られたヤツがどんな反応を見せるか、それがいじりのおもしろさって感じかな」

卓也君は、むろんこうした行為がいいことだとは思っていない。彼自身、さまざまな形でいじられる側だから、不愉快になるし、くだらないとも感じる。だが、いじりをうまくかわすのも、いじられキャラのひとつの役割なのだ。卓也君はそれができるが、できない生徒にとっては、まさに「たまらない」毎日だろう。

「舌打ち」や「ため息」についてのエピソードもあった。

廊下を歩いていて、誰かとすれ違うときに、「チッ」と聞こえるように舌打ちをしたり、「はぁー」といかにもイヤそうなため息をつくのだという。

「チッとか、はぁー、が聞こえたほうは一瞬固まって、えっ？ って反応するんです。だって、すれ違った瞬間にいきなりくるから。もっとはっきり、キモイとか言われるならわかりやすいけど、舌打ちとかため息って、なんなんだ？ って感じじゃないですか。あいうの、実際やられるとわかると思うけど、やたら重いんですよ。なんか俺、悪いことした？ みたいに、頭の中がグルグルしちゃう」

卓也君は何度か、すれ違いざまに舌打ちされたという。最初は自分に向けられたものなのかどうかはっきりしなかったが、同じことがつづけば気になって仕方ない。周囲の生徒が自分をどう見ているのか、もしかしたら嫌われているんじゃないか、そんなふうに落ち込んだ。

「何回かそういうことがあって、すごく気になってたんだけど、ほかにもやられてるヤツがいたんですね。で、なーんだ、いじりかよってわかった。要するにゲームっていうか、遊びっていうか、やってるほうは軽い感覚なんですよ。だからやられるほうも、重く考えちゃダメ。俺は、いじられキャラの中でもわりとコミュ力あるほうなんで、笑ってやり返せた。けど、やっぱコミュ力ないヤツはきついと思いますね」

教室内の「コミュ力」格差

卓也君が口にした「コミュ力」とは、コミュニケーション能力の略だ。彼はいじられキャラながらも、周囲との関係性をなんとか保てる自分を「わりとコミュ力あるほう」と考えていた。

ここで言うコミュ力は本来の「コミュニケーション」が意味するところ——お互いの意見を交換したり、違いを認め合ったり、心の交流をはかるといったものではない。「いじり」を瞬時に察知したり、軽くかわしたり、ノリがよかったり、笑いが取れたり、ボケたりツッコミを入れたり、そういう速攻的なコミュニケーションだ。周囲に適応してふるまえるか、「場」に合ったキャラを演出できるか、そんな能力がコミュ力として認められる。

速攻的なコミュニケーションを器用にこなせる子どもは、おもしろいキャラや仕切り役として一目置かれる。コミュ力が高い彼らは、同時に発信力や発言力も高く、周囲の空気をつかんで上位に立つ。

一方、繊細な子、慎重に対応しようとする子、人間関係に誠実だったり、まじめだったりする子は、ともすれば周囲のノリに遅れ、空気に合わせることができない。彼らは、自分が浮いている、無理をしているような生きづらさを感じ、学校生活が息苦しくなってしまう。

そうした現実を反映してか、ここ数年、ネット上には「コミュ障」なる言葉も散見される。「コミュ障」とはネットスラング（インターネットの掲示板などで使用される俗語）で、「痛いコミュニケーションをする」とか、「他者と気楽に交流するのが苦手な人」、「孤立しがちな人」といった意味だ。

「コミュ力」にせよ、「コミュ障」にせよ、周囲といかにうまくコミュニケーションを取るか、それが子どもたちにとって大きな関心事だ。器用に立ち振る舞えれば格が上、ノリについてこられなければ格が下、教室の中ではこんなヒエラルキーが存在する。

もっとも、彼らのコミュニケーションは実に狭い。仲間内でしか通用しないし、楽しく交流するというより、いかに同調できるか、はずれないか、そこに重きが置かれている。

前述したように、本来のコミュニケーションとはまったく別物で、むしろ同調できない者を「排除」するといったニュアンスが強い。

先に紹介した「いじり」のエピソードも、コミュニケーションを巧みに利用して、相手を心理的に翻弄するものだ。わざとへこませたり、傷つけたりして、そのゲーム的なノリについてこられるかどうかを観察する。

卓也君は「やってるほうは軽い感覚」と言ったが、やられる側は必ずしも軽くかわせない。「いじり」が「いじめ」になる可能性も決して少なくはないのだ。

コミュ力高い女子のシビアな現実

東京都に住む亜里沙さんは私立高校の二年生。自称「はじけてる」女の子で、見た目も言動も目立つタイプだ。ファッションやメイクに興味を持ち、ティーンズ向け雑誌の「読モ（読者モデル）」になったこともある。

亜里沙さんは中学時代、クラスの女子のリーダー的存在だった。成績は中位だったが、明るい性格とノリの良さで、そのコミュ力の高さは周囲に一目置かれていた。

似たようなタイプの女の子二人と「親友」だったが、彼女たちとの関係は、意外にも悩みの多いものだったという。

「うちらはクラスも塾もおんなじで、おまけに家もわりと近所。毎日一緒に登校して、塾にもそろって行ってたし、休みの前の日は誰かの家にお泊りしたりとか、めっちゃ濃くつるんでた。どっから見ても親友って感じだったと思うけど、中に入ると結構きつかったんですよ」

目立つ外見の一方で、亜里沙さんは繊細な部分を持っていた。本来の自分は決してイケではなく、むしろ小心者で傷つきやすいという。小学校低学年のころは授業中発言するのも勇気が要ったし、当時は若干肥満気味だったこともあって、「はじけてるどころか、どんくさかった」と苦笑する。

小学五年生ころからダイエットに目覚め、同時におしゃれにも関心を持つようになった。外見が変わると次第に自信が持てるようになり、周囲の見る目も少しずつ変わっていった。そうして入学した中学校で先の親友を得たのだが、彼女は自分のキャラを「かなり盛っていた（実際より高く作っていた）」と話す。

「私と、あとの二人の女子は、たぶん元々の性格からして違ってたと思う。でも、せっかく仲良くなれたんだし、どうせつきあうなら地味系の女子より目立つ子とつるんだほうがうまく泳げる（振る舞える）かな、と。それに、もっと自分を変えたい、変われるはずって思いもあったし」

背伸びをしていることを感じながらも、亜里沙さんは親友とのつきあいに熱くなった。好きなテレビ番組、アイドル、音楽、流行りの服やメイク、利用しているインターネットのサイト、男の子の噂やほかの女の子の悪口、そんな話題で盛り上がり、自宅にいるときも何十通とメール交換に明け暮れた。

楽しさもあったが、一方で彼女たちとのコミュニケーションに振り回されることも少なくなかった。何かが噛み合わないのだが、いったい何が、どうして噛み合っていないのかわからないのだ。

「たとえば、コンビニでお菓子買おうか、って言われて、私が、うん、って言うでしょ。そうすると、えっ、亜里沙も買うの？ とか言われる。こっちは一瞬固まって、はっ？ってなるわけ。そうすると向こうはいきなり態度を変えて、ウソウソー、ごめんごめん、冗談だよぉ、亜里沙ちゃーん、ってベタベタしてくる。こういうことが何回も、何回もあるんですよ」

これも一種のいじりなのだろうが、何度となく形を変えて繰り返される。亜里沙さんが、「なんか、そういうのやめてよね」と言うと、「えっ、何が？ なんのこと言ってんの？」と平然と返ってくる。

亜里沙さんは、「感じすぎる自分がおかしいのか」と悩んだ。表面的には軽くかわしていたが、心の中は少なからず傷ついていた。それでも、「親友」との関係を壊すことはできない。毎日の濃いつながりを断ち切るほどの勇気は持てなかったのだ。

苦痛を感じる一方で、彼女は次第に駆け引きを身につけていった。三人の中でうまく立ち回り、自分が主導権を握れるように、ときには先制攻撃を仕掛けた。

「三人でしゃべってるときに、急にムカついた顔するとかね。そうするとあとの二人がちょっとビビって、こっちの機嫌を探ったりするじゃないですか。で、うちに帰ってから、そのうちのひとりにメールするんですよ。さっきはごめんね、○○ちゃん（メールを送った相手）のことは大好きなんだけど、なんか△△（メールを送らなかった友達）が最近飛ばし過ぎてる（目立ち過ぎている）って感じしない？　みたいに。要は、二人を分断させちゃって、自分と組ませようと仕掛けるわけ」

策略じみたことをする自分に抵抗がなかったわけではない。だが、「やらなければやられる」のだから仕方ない、そんなわりきりもあった。亜里沙さんは当時を振り返って言う。

「友達同士の狭い世界の中でも、シビアな椅子取りゲームをやってた」と。

そして、ため息まじりにこうつづけた。

「親友とか、友達とか言っても、正直どんだけのもん、って感じ。一緒にいて楽しい部分もあるけど、お互いに妬んだり、足を引っ張ったり、腹の探り合いっつーか、マジうんざりだし。私は中学時代にそういう経験したから、今はもう学校の友達にあんまり期待してない。むしろ、学校の外の関係のほうが全然楽。ネットで気の合う人と絡んだり、出会いもいっぱいあるしね」

傷ついてもつながっていたい

友達との軋轢に悩む子どもたちの現状に、おとなは「なぜそこまでして一緒にいたいのか」と疑問がわくだろう。無理してまで仲良くする必要はない、そもそもそういう関係は本当の友達とは言えないと思うかもしれない。

同様の思いは、子どもたちも持っている。周囲にウケのいいキャラを作る自分に疲れ、いじり、いじられるようなゆがんだ関係に辟易としている子どもは少なくない。

ベネッセ教育総合研究所の『第2回子ども生活実態基本調査』（二〇〇九年、五年ごとの調査）によると、友達との関係について「仲間はずれにされないよう話を合わせる」と答えた小学生が五一・六％、中学生が四四・四％、高校生が四一・一％に上る。

また、「友達と話が合わないと不安に感じる」のは、小学生が四七・〇％、中学生・三六・一％、高校生・三四・九％。

「友達とのやりとりで傷つくことが多い」という小学生が二七・一%、中学生・二四・四%、高校生・二四・一%と、およそ四人に一人は友達との関係にかなりの悩みを抱えている。

にもかかわらず、彼らが「友達」や「仲間」に固執するのは、それが自分の存在価値に結びついているからだ。自分は誰かとつながっている、関わりを持っているという「形」がほしいのである。

子どもたちの「形」を理解するための例を引こう。

たとえば、私たちおとなが立食パーティーに参加したとする。広い会場に入って最初に何をするだろうか。一直線に料理が並ぶテーブルに向かう人もいるかもしれないが、たいていの場合、まず会場内を見渡して知人や顔見知りを探す。もし知り合いがいなければ、誰か会話ができそうな人を見つけようとしたり、近くにいる人に話しかけたりするだろう。

周囲の人たちが和やかに懇談している中で、自分だけはたったひとり、黙々と料理を食べるというのは避けたい。それこそ形だけでも誰かと一緒にいるところを見せないと、なんとも居心地の悪い気分になってしまう。

誰かと会話する際には、無理してでも周囲に話を合わせたり、せっせとお世辞を言ったり、わざと自分の力をひけらかしたり、そんな経験はないだろうか。数人の関係性、しかも短い時間の中でも、仕切りキャラやウケ狙いのキャラ、聞きじょうずなキャラなどというそれぞれの役割ができあがっていく。

一旦、こうした関係性ができると、その「場」をはずれるタイミングがむずかしい。立食パーティーなのだから、自由に動き回れそうでいて、その実、意外と動けないものだ。おとなの立食パーティーを、子どもたちの学校や教室に当てはめてみると、彼らの状況や気持ちがわかりやすい。友達や仲間は自分の「居場所」であり、「一緒にいること」が非常に重要になる。

むろん、一緒にいる以上、楽しく快適な関係であることが望ましい。それには互いの空気が似ていることが必要だし、メンバー同士の安定感が大事だ。メンバーが入れ替わり立ち替わりでは困るので、固定化された仲間の結束が求められる。

一方で、固定化されたメンバー間に葛藤や軋轢も生まれる。誰かにムカついたり、内心キレかかっていたり、軋轢が高じて「ゼッコー（絶交）」ということも起こり得る。だが、絶交したところで、「次の場所」を見つけるのは容易ではない。

だから子どもたちは、本音を隠しても、自分が傷ついていることを自覚していても、日々のやりとりに疲れていても、その関係からなかなか離れようとはしないのだ。

自分が好きになれない子どもたち

もうひとつ、彼らが友達や仲間との関係に固執する理由として、自分に対する自信のなさが挙げられる。イマドキの子どもを指して、「自己チュー」とか「自己愛が強い」といった見方があるが、私にはそれが、彼らの自信のなさの裏返しにも思える。

たとえば先に挙げた亜里沙さんは、「小心者でどんくさかった」自分を感じつつ、だからこそ「かなり盛っていた」と話した。親友との関係に内心は傷つきながらも、虚勢を張っていたのだ。

同じように、自分の自信のなさや不安をカモフラージュしようとして、自己チュー的な振る舞いをしていることもあるのではないか。

国立青少年教育振興機構が実施した「青少年の体験活動等と自立に関する実態調査」(平成二二年度、全国の公立学校に通う小学五年生、六年生、中学二年生、高校二年生を対象)から、子どもたちの自己意識についての調査結果を見てみよう。

「今の自分が好きだ」について、「とても思う」と答えたのは、小学六年生が一七・二%、中学二年生が六・四%、高校二年生は五・八%に過ぎない。

逆に、「あまり思わない」小学六年生が三三・三%、中学二年生が四三・六%、高校二年生が四五・〇%。「まったく思わない」という小学六年生は一四・四%、中学二年生は二八・一%、高校二年生が二六・二%もいる。

自分のことがあまり好きではない、まったく好きではないという子どもの割合は、小学生で約五割、中学生と高校生が約七割と、非常に高率なのだ。

自己意識が低かったり、自信が持てなかったりする子どもたちは、「他者の目」が気になる。自分が周囲からどう見られているか、どれくらい好かれているか、それが自分を測る指標になるのだ。

しかも、イマドキの子どもは「多様な他者」を持っていない。昔だったら、親や祖父母、親戚、近所の人、幼馴染《おさななじみ》など多様で親密な人間関係があり、その上で学校の友達や先生という他者がいた。

仮に学校の友達とうまくいかなくても、幼馴染が自分のことを理解してくれたり、近所のおじさんがかわいがってくれたりと、多様な自己評価が得られた。

だが、親族関係や地域社会が希薄化した今、子どもにとっての他者はどんどん狭くなっている。取材する子どもたちには「幼馴染」が死語になっていたり、「親戚の人とは全然会わない」、「近所の人としゃべったことがない」というケースも少なくない。

彼らの他者は、学校か塾か習い事という狭い場所にほとんど限定され、当然ながら与えられる評価は「点数（成績）」か、またはそこでの「人気」だ。

勉強やスポーツの成績がよく、人気も高いというなら、相応の自信を持つこともできるだろう。だが、多くの子どもたちは、なんとか評価を得ようとがんばりつつ、うまくいかない現実を感じている。

特に、狭い場所で常に一定の人気を保つことは、それこそ高度なコミュ力が必要だ。そこまでの自信を持てなければ、今ある居場所、所属できている仲間にしがみつくしかない。そうしてより固定化し、閉鎖的になった関係性の中で、自分がどう見られているか、どんなふうに評価されているか、絶えず意識せざるを得ないのだ。

子どもたちに必要な心の強さ

冒頭で書いた五人の中学生については、後日談がある。大雪で遅れていた電車の到着がアナウンスされた際、私は「もっといろんな話を聞きたいから、よかったらメールしてね」とメールアドレスを教えた。その後、音沙汰がなかったが、四カ月ほど経ってひとりの男子生徒からメールが届いたのだ。

新学年のクラス替えを機に、彼はそれまでの仲間から少し距離を置くようになったという。その理由は、〈今度、同じクラスになった外国人の子と仲良くなろうと思ったからです〉、そうメールに書かれていた。

彼は歴史マンガやゲームが好きで、世界史にも興味があった。パキスタンやバングラデシュ出身の同級生と親しくなって、歴史や文化に関する話を聞いてみたかったという。たまたま同じ班になったのをきっかけに、思いきって英語で話しかけてみた。簡単な単語をつなぎ合わせた程度だったが、想像していた以上にコミュニケーションが取れた。

それまでは交流がなかった相手との距離が近づくと、彼の中にも変化が現れた。外国人のたくましさを知り、自分は甘いと思ったこと。紛争や自然災害が多いと教えられ、平和な日本のすばらしさを再認識したこと。水道や電気の設備も乏しかった彼らの国が、ここ数年急速に豊かになっていることを聞き、〈もっと英語とか世界のことを勉強して、これからの将来を真剣に考えていかないと〉とも書いていた。

男子生徒とは月に二、三度メール交換をつづけたが、文面にはしばしば外国人のハングリーさや精神的なタフさが綴られていた。日本で勉強することでもっと豊かになりたい、早く親孝行したい、世界のどんな場所に行ってもがんばって生きていく、そんな同級生の姿に、彼は大きな刺激を受けたようだ。

一方で、ルーズな面や価値観の相違に戸惑っている様子もあった。関係が深まるごとにいい面と悪い面の両方を知り、彼なりにコミュニケーションの方法を探っていたようだ。

ある日のメールに、彼はこんなふうに書いている。

〈やっぱり日本人とは違うな、ってビックリすることが多いです。こっちが文句とかを言っても、向こうは向こうで言いたいことははっきり言ってくる。なに言ってんだよ、と思うこともあるけど、そういう強さはすごいなと感じます。僕が外国に行ったら、そこまで強くなれるだろうかと思います。でも、これからがんばって強くなりたいです〉

新しい人間関係と、今までにはなかったコミュニケーションを得て、男子生徒は自分の強さを意識するようになった。狭い場所から広い世界に目を向け、あきらかに意欲的になっていた。反面、ずっとつるんでいた日本人の仲間からは冷たい視線を浴びせられ、ときに悪口を言われることもあったという。

それでも、彼は以前ほど仲間との関係にこだわらなくなった。一緒にいるときはそれなりに空気を読むが、無理してまで合わせようとは思わない。きついことを言われても、うまくかわせるようになったし、逆に自分から言いたいことを言えるときもあった。

今までとは違う居場所を、それも自分の力で得たことで、彼は自信を持ったのだろう。やればできる、やってみたら意外とどうってことなかった、そんな実感が心を強くしていったに違いない。

がんじがらめの人間関係の中で苦しむ子どもたちを見るにつけ、こうした心の強さこそが必要だと思う。自分から発信したり、行動できる強さ。自分を肯定し、守れる強さ。失敗や間違いから立ち直れる強さ。ときにはうまく逃げたり、かわしたりする強さ。

狭い場所でのコミュ力格差に汲々とせず、ほかの世界に目を向けることで、なんらかの発見をしたり、救われたりすることもあるはずだ。

とはいえ、当の子どもたちには私の希望的観測を一笑に付されてしまうかもしれない。なにしろ、彼らにとって手っ取り早い「ほかの世界」には、現実と同じかそれ以上の複雑なコミュ力が求められるからだ。

子どもたちの身近な「ほかの世界」、それはインターネットという場所だ。次章では、子どもを取り巻く環境を大きく変えた情報化社会の問題について報告しよう。

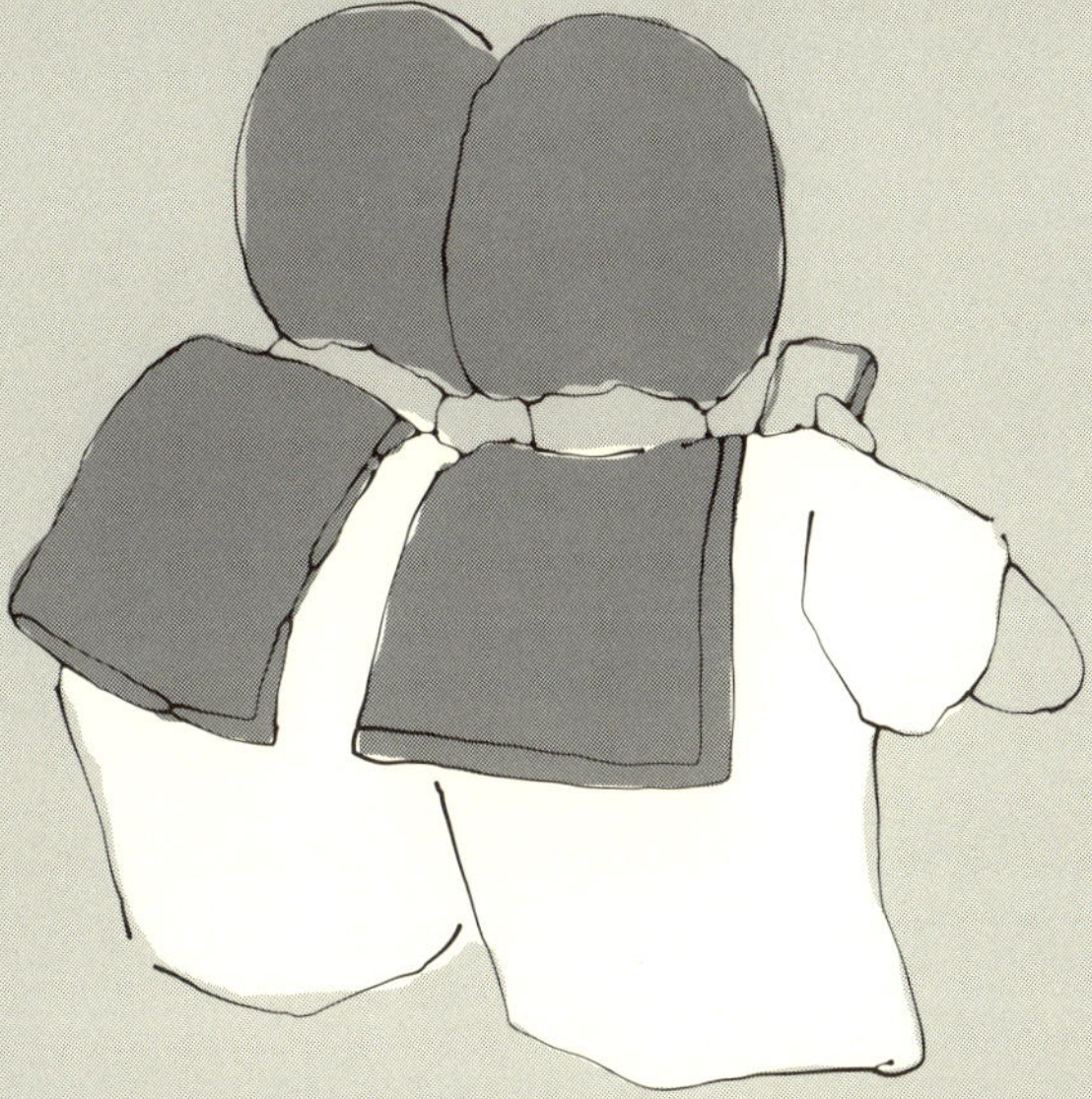

第2章

ネット世界の子どもたち

幼児園児もインターネット

十年ほど前、取材先で「ドッグイヤー」という言葉を聞いた。ＩＴ業界の進化を犬の成長にたとえた俗語だ。犬の一年は、人間に換算すると七年に相当するという。つまり、一年で七年分進んだり、それまで七年かかったことが一年でできるようになる、といったＩＴ業界の速さを表している。

その後、人間の十八倍の速度で成長するマウスにたとえて「マウスイヤー」なる言葉も登場したが、今では両方ともまったく耳にしない。進化の速度が遅くなったわけではなく、もはや速いということに何の驚きもないからだろう。

パソコン、ケータイ、スマホ、タブレットなどという便利な機器を、いつでも誰でも手にできる時代だ。とりわけ今の子どもたちは「デジタルネイティブ」と呼ばれ、生まれたときからＩＴ機器に囲まれている。

幼稚園児くらいの小さな子どもが、携帯型ゲーム機で遊んでいる光景を目にすることも多い。おとなは「あんな小さな子がゲームなんかやって」と苦い顔をしがちだが、実は単純にゲームだけをしているわけではない。イマドキの携帯型ゲーム機には「通信機能」がついており、これを利用してゲーム機同士が通信しあったり、インターネットに接続することができるのだ。

たとえばソニーのＰＳＰ（プレイステーションポータブル）や任天堂のニンテンドーＤＳという携帯型ゲーム機には、Ｗｉ－Ｆｉや公衆無線ＬＡＮなどのアクセスポイントを利用して、インターネットに接続できる機能が備わっている。

ニンテンドーＤＳなら「Ｗｉ－Ｆｉコネクション」という機能があり、インターネット上で誰かとゲームの対戦をしたり、チャットと呼ばれる文字会話を楽しんだり、複数の人とチームを組んでプレイすることができるのだ。

要するに、ゲームを楽しみつつ、インターネットにも接続し、「誰かとネット上で交流する」、こういうことを四、五歳のうちからやっている。

一般によく使われる「ＩＴ」という言葉は、Information Technologyの略、情報技術と訳されている。それがさらに進み、今では「ＩＣＴ」、Information and Communication Technology、情報通信技術という言葉が定着しつつある。

単に情報を検索したり、役立てるのではなく、互いに「コミュニケーション」を取る、つまり通信しあったり、交流したり、情報交換をすることが主流になってきたわけだ。

文部科学省では、小中学校でのＩＣＴ教育を推進するため、「教育の情報化」という方針を打ち出している。同省のホームページには、「情報教育の充実」、「教育のＩＣＴ活用指導力の向上」、「ＩＣＴ環境の整備」、「ＩＣＴに関するサポート体制」、「ＩＣＴ人材育成」などという項目が並び、いかにも「力が入ってる」という感じだ。

ＩＣＴ教育の先進校では、電子黒板やパソコンを使って授業をしたり、児童にタブレットを使用させる試みもはじまっている。

総務省の『平成二十三年版情報通信白書』には、実際にＩＣＴを活用した授業を行っている佐賀県の公立小学校の事例が、次のように報告されている。

佐賀県武雄市立山内東小学校は児童数約２５０名の公立小学校である。同校では最近注目が集まっているタブレット型端末を導入し授業で活用している。（中略）児童は様々な教科等で、端末の操作や活用方法を習得する。植物図鑑のソフトや辞書機能などを使って教科書を補完したり、自ら調べることで学習への意欲や関心を高めたりするといった教育を受けている。また、授業の前後10分にタブレット型端末を利用して3～5問程度のドリル学習を実施している。タブレット型端末と電子黒板との連携により、児童がタブレット型端末に記入したことが電子黒板に表示でき、児童相互の考えの交流を行っている。（後略）

「公立小学校でタブレット型端末を導入し授業で活用～佐賀県武雄市立山内東小学校

における取組～」より抜粋

このコラムの最後は、「児童は楽しみながら端末を利用しており、普段よりも集中して学習し定着率も高いようである」という一文でまとめられており、デジタルネイティブの子どもたちが、授業でデジタル機器を利用する「メリット」が強調されている。

学校でのＩＣＴ活用が活発化し、実際にメリットもあるわけだから、学校外、家庭や個人での利用度も当然高まる一方だ。

街中や電車内で、小学生や中学生がケータイ、スマホを操作している光景はすっかりお馴染み。ケータイ全盛時代には目にも止まらぬ速さでボタンを操作する子どもたちがいたが、ここ一、二年はスマホの画面を指でタッチしたり、上下になぞっている（タップやフリック入力という）場面も日常的に目にする。

ところでスマホ、正しくはスマートフォンを「便利な電話」と思っているおとなが多いのではないだろうか。日本語では、「多機能型携帯電話端末」などと訳されていて、便利な電話であることは間違いない。ただし、「電話に便利な機能がついている」というより、「パソコンに電話が付属している」といったほうが実態に近い。

電子メールの送受信、インターネット接続、音楽や動画の再生、カレンダーやスケジュール管理、電卓、住所録、カメラやビデオ撮影など、スマホにはパソコンと同様かそれ以上の便利な機能が備わっている。しかも、アプリ（アプリケーションソフト）をダウンロードすれば、地図や電車の乗り換え案内、ゲーム、ビジネス管理、無料電話、辞書、料理レシピ、外国語翻訳、災害情報などと、数えきれないほどの機能が追加できる。

ちなみに、スマートフォンの「スマート（smart）」は、「賢い」という意味だ。便利で賢い機器を手にした子どもたちが、夢中になって操作するのも無理はない。

子どもに広がるＳＮＳ

実際に、子どもたちがどの程度ケータイやスマホを利用しているのか、内閣府が行った『平成二十四年度青少年のインターネット利用環境実態調査』のデータを見てみよう。

携帯電話（スマートフォンを含む）の所有率は、小学生が二七・五％、中学生が五一・六％、高校生が九八・一％。所有者のうち、スマートフォンの利用者は、小学生が七・六％、中学生が二五・三％、高校生が五五・九％である。

ここで注目したいのは、スマホ利用者の急増ぶりだ。一年前、つまり平成二三年度の同調査と比較してみると、小学生は〇％→七・六％、中学生が五・四％→二五・三％、高校生に至っては七・二％→五五・九％と、わずか一年で急上昇している。

前述したように、今では「ＩＣＴ」、つまりインターネットを利用してコミュニケーションを取るという使われ方が普及している。たとえば、誰かにメールを送って、相手から返事をもらえば、それがひとつのコミュニケーションだ。

誰かが書いているブログの日記に「コメント」を寄せるのもそうだし、複数の人がそれぞれの意見を交換する「ネット掲示板」に、自分の考えや思っていることを書き込むのもコミュニケーションだ。

自分の意見や情報をインターネット上で発信し、他の人たちと出会ったり、交流していく仕組みに、「ＳＮＳ」がある。ＳＮＳとはソーシャルネットワーキングサービス（social networking service）の略で、趣味や特技、出身地や出身校などの共通項を持つ人たちがネット上でつながったり、面識のない人同士が意気投合して友達になったり、仲間同士で情報交換していく会員制コミュニティを指す。要は、人と人との出会いの場、つながりを推進するサービスだ。

ＳＮＳのことをあまり知らない人でも、Twitter（ツイッター）、Facebook（フェイスブック）、mixi（ミクシィ）、ＧＲＥＥ（グリー）、mobage（モバゲー）、ＬＩＮＥ（ライン）などという言葉を聞いたことがあるだろう。特にツイッターは、政治家や芸能人がコメントした内容がニュースになったり、東日本大震災のような災害時に、安否確認や情報交換の場として積極的に活用されている。

また、グリーやモバゲーなどは、無料のゲーム利用を主体としつつ、利用者同士が自己紹介したり、交流できる機能が付帯している。

学齢期の子どもの利用度が高いものは、学校内の情報を交換する学校掲示板や、学生を対象にしたコミュニティサイト、そして無料通話や無料ゲームを楽しみつつ友達や仲間と交流ができるサービスだ。

学生を対象にしたコミュニティサイトには、たとえば「学校やいじめの悩み」について、子ども同士が意見交換したり、悩みを打ち明け合ったりするサイトも多数存在する。

乙、消防、U吉で盛り上がれ

友人同士はもちろん、学校や地域、趣味、スポーツ、音楽、好きな芸能人などさまざまな共通項のある人たちと、インターネット上で「つながる」メリットは決して少なくない。自分の知らないことを教えてもらったり、困っていることを相談したり、多様な考え方や価値観にふれることで視野が広がる。

一方で、ネットという空間には、現実とは違った形のつながりが生まれやすい。たとえば、ネット上での発信は基本的に文字（動画や写真という発信方法もある）を使う。

「チャット」だったら文字ベースの会話。「レス（レスポンスの略）」は誰かの書き込みに文字で返信すること。「絵文字」や「顔文字」は感情表現などをする際に使う、まさにネットならではの特徴的なものだろう。

話し言葉ではなく文字を使うという特性からなのか、ネット上には数多くの隠語、いわゆるネットスラングが存在する。文字の表記をわざと変えて、本来の意味とは違う形で使われるのだ。ここでは、比較的簡単な隠語とその意味を挙げてみよう。

おｋ（ＯＫ）、乙（お疲れ様）、ＪＣ（女子中学生）、氏ね（死ね）、ワロタ（笑った）、消防（小坊→小学生）、Ｕ吉（ゆきち→福沢諭吉→一万円札）、ディスる（ののしる→英語の disrespect に由来）、ポチる（買い物をする→ネットショップで買い物をする際、ポチッとマウスをクリックすることに由来）……。

たとえば学生専用の掲示板に、〈乙～。今日も一日クソ暑かったぁぁ…。駅のトイレで、ＪＣが派手に顔洗っててワロタ〉という書き込みがあったら、〈お疲れ様。今日も一日すごく暑かった。駅のトイレで、女子中学生が派手に顔洗っているのを見て笑った〉という意味だ。

〈最近の消防は、大胆にＵ吉使うよね〉だったら、〈最近の小学生は、大胆に一万円を使うよね〉となる。

本来とは違う表記を使うことで気楽に発信できるだろうし、一種の言葉遊びと言ってもいいかもしれない。実際、中学生や高校生が集うコミュニティサイトは盛況で、「JC（女子中学生）」や「JK（女子高校生）」が学校、友達関係、趣味、スポーツ、ファッション、恋バナ（恋愛の話）などの話題で盛り上がっている。

一方で、文字を使ったコミュニケーション特有のむずかしさや問題もある。たとえば、「おまえ、バカじゃん」という言葉を誰かから面と向かって言われるとき、相手の表情や口調から、どういうニュアンスなのかが読み取りやすい。ところが文字で書かれているとニュアンスがわかりにくく、本来の意図とは違った形で伝わってしまったりする。

さらに、文字を使うことで過激な言葉も発しやすい。他人に向けて「死ね」と口にすることはなかなかできないが、ネット上では「氏ね」、「逝ってよし」などという表記が抵抗なく使われている。誰かをののしったり、あざ笑ったりすることも同様で、「口では言えないが、ネットなら書き込める」というケースは少なくない。

とりわけ、「空気を読む／読まない」とか、「浮く／浮かない」などという高度な心理的コミュニケーション力が問われる子どもの世界は、些細なひとことをきっかけにトラブルが起きやすい。

自分の発言が曲解されたり、周囲の煽りに翻弄されたりして、傷つき、苦しむ子どもたちも多数存在している。

「コクる」をめぐってトラブった少女

愛知県に住む高校一年生の菜穂さんは、中学生のとき、クラスの友達同士で作っていた掲示板でひどいバッシングを受けた。きっかけは、女の子たちの間で交わされた「コクる（好きな人に告白する）」という話題だった。

「掲示板のメンバーは六人で、全員おんなじクラスの女子だったんです。ケータイで簡単に登録できるやつで、タダ（無料）だし、招待制（承認されたメンバーしか参加できない仕組み）だから、これいいよねってすぐに使いはじめた。メールだと個人同士のやりとりになっちゃうけど、掲示板なら誰かのカキコ（書き込み）をみんなで読めるし、やっぱ便利じゃないですか。もう毎日、何回も何回も掲示板でみんなと絡んでました」

宿題をやっているときなら、〈宿題、乙～。わかんねえ～〉などと誰かが書き込みし、それに対して仲間が〈オイラも〉、〈つか、これマジむずかしくない？〉、〈いいよー、もう降りようよ（途中でやめよう）〉と次々コメントを寄せていく。

一事が万事こんな調子で、夕食に何を食べたか、観ているテレビ番組の内容、お店で買った商品など、さまざまな話題で盛り上がる。要は、誰かの部屋に集まってみんなでワイワイおしゃべりしている、そんな様子を想像するとわかりやすい。話題が盛り上がると時間の経つのも忘れ、菜穂さんはケータイを手に深夜まで書き込みに没頭した。

　クリスマスが近づいたある日、ひとりの女の子が「好きな男子」についての話題を書き込んだ。以前から同じ塾に通っている男の子のことが気になっていて、「思いきってコクろうか（告白しようか）どうしようか」といった相談を持ちかけてきたのだ。

　思春期の女の子にとっては大きな関心事、当然、掲示板は盛り上がる。菜穂さんはみんなの書き込みを見ながら、つい「背伸び」をしてしまった。

「乗り遅れたくないっていうか、ちょっと吹かしたい（大げさなことを言いたい）気持ちもあって、あたし、コクったことあるよぉ、って書いちゃったんです。本当は、きっちりコクったというより、好きだった男子にサワリ程度に話を振ったって感じだったんですけど。でも、みんながすごく食いついてきたので、引くに引けなくなっちゃった」

　菜穂さんの告白体験を知らされた女の子たちは、相手が誰なのか、どんなふうにコクったのか、反応はどうだったか、今その相手とどうなっているか、矢継ぎ早に聞いてきた。軽い気持ちだった菜穂さんには予想外の展開で、内心焦りながらも「なんとか話を合わせるしかなかった」と言う。

　だが、元々が大げさに言ってしまったことだから、次第に話のつじつまが合わなくなった。詳しい内容を尋ねられるほど説明に窮し、とうとう自分の「背伸び」を打ち明け、みんなに謝る羽目になった。

「ごめんね、って何回も書いたけど、手遅れだった。なんか、謝ったこと自体もバッシングされちゃって……。もうすさまじくきつい言葉の嵐。あんなに傷ついたのは、生まれてはじめてでした」

菜穂さんに非がないわけではないが、この年頃の女の子なら、自分をおとなびて見せたいのはありがちなことだ。話を膨らませて自分の存在を誇示するのも、女の子同士の関係では珍しくない。

だが、菜穂さんへのバッシングはやまないどころかヒートアップする。掲示板にコメントが書き込まれるたび「同調者」が現れ、それがますます女の子たちを煽っていくのだ。

〈自分がモテるとか思ってんの？　とんだ勘違いじゃね？〉

〈マジわかってないよね、痛すぎ〉

〈真正キモ（とても気持ち悪い）〉

〈明日からキモって呼んでいい？〉

こんな誹謗中傷がつづき、菜穂さんは頭が真っ白になったという。

それでも彼女は、掲示板への書き込みをやめなかった。ひたすら〈ごめんね〉と謝り、

〈私ってバカだよね〉とか、〈自分でも自分のことキモイって思います〉などと自己卑下した言葉を書き込んだ。

「もちろん精神的にはきついし、やめたいですよ。だけど、自分だけ抜けちゃったら、そのあと何言われてるかわかんなくなる。ヘタしたら、別のサイトにも飛び火して悪口三昧とかあるし。なんとかその場を収めないと、っていう気持ちで耐えました。リアル（現実生活）でも、しばらくはみんなからハブられた（仲間はずれにされた）けど、そのうち別の子が振った話題に流れが移って……。それで少し救われたって感じかな」

トラブルから逃げたいのはやまやまだったが、そうすることで「もっとひどい目に遭う」不安があったという菜穂さん。心ない誹謗中傷に深く傷つきながらも、ギリギリのところで耐えていた。

仲間との関係を壊したくない思いもあったが、それ以上に怖かったのが「飛び火」、つまり掲示板内での誹謗中傷が、インターネットを介してどんどん広まってしまうことだ。根も葉もない噂や悪口を広められたら、そしてそれを止めることができないとなったら、子どもたちにはまさに深刻なダメージとなる。

誰かが私になりすました？

自宅にセールスの電話がかかってきたり、一日何回も宣伝メールが送られてくる経験は、多くの人にとって身近なものだろう。相手がなぜ電話番号やメールアドレスを知っているのかと薄気味悪い思いがするものだ。本来、守られるはずの個人情報がなんらかの形で流出しているわけだが、ネット上ではこれが実に簡単に起きてしまう。それも、誰かの個人情報を「わざと」公開して、相手にダメージを与える行為が存在する。

埼玉県の大学に通う真里菜さんは、五年前、突然大量のメールが届いて仰天した。当時は中学三年生で受験を控えていたが、送られてきたメールの内容にショックを受け、勉強どころではなくなったという。

「エンコー（援助交際）してあげるよとか、エッチが好きなんだろとか、もう目にするのもイヤなきわどいメールばかり。もちろん送ってくる相手は全然知らない人で、なんでこんなメールがバンバンくるのかわからなかった」

大きな不安を覚えた真里菜さんは、すぐにメールアドレスを変更した。アドレスさえ変えれば、おかしなメールは届かなくなると思ったのだ。同時に、友達や親しい人たちに限って、変更後の新しいメールアドレスを伝えた。こうすれば、見ず知らずの人からメールが送られてくることはないはずだ。

　ところが一カ月もしないうちに、またおかしなメールが届きはじめた。どう考えても偶然とは思えず、彼女は勇気を出して母親に相談した。事の成り行きを知らされた母親は真里菜さん以上に動転したが、すぐに学校に出向いて担任教師に事情を打ち明けた。

「担任は埒《らち》が明かなかったけど、たまたま同じ学年にネットに詳しい先生がいて。その先生が、どこかで個人情報がわざと流出してるんじゃないか、って言うの。そんなバカな、って気もしたけど、ちょっと心当たりもあって……。もしかして、誰かが私になりすましてプロフやってる？　そう思ったんです」

　真里菜さんが口にした「プロフ」とは、プロフィールサイトの略。自分の自己紹介、たとえばニックネームや星座、趣味、買っているペット、好きなアイドル、住んでいる地域、簡単なメッセージなどを書き込むというものだ。自分を模したイラストや顔写真などを載せることもできる。要は、インターネット上に自分の「写真入り名刺」を作り、これを見た人と仲良くなっていく仕組みだ。

　プロフはこのところ他のSNSに押されすっかり下火になっているが、真里菜さんが中学生だった五年ほど前には、特に十代の女の子の間で一大ブームを巻き起こしていた。

　単に自己紹介をするだけなら、むろん問題にはなりにくい。だが、真里菜さんが話した

「なりすまし」、つまり誰かが勝手に他人になりすまして、その人の自己紹介をしてしまったらどうだろう。

たとえば私が真里菜さんに「なりすまし」てプロフィールサイトに登録し、次のような自己紹介を勝手に作ったと仮定しよう。

名前　まりりん
住んでいるところ　東京都
生年月日　4月30日
星座　おうし座
メッセージ　エロいこと大好きな女の子です。年上のやさメン（優しい男性）が好きなので、よかったら絡んでくださいねぇ♡　まりりん430
あっと優しい銀行まで連絡待ってまぁ〜す♡

メッセージ部分にある「まりりん430あっと優しい銀行」というのが、実はメールアドレスだ。通常の表記に直すと「mailin430@softbank.ne.jp」で、要は携帯電話会社のソフトバンクを「優しい銀行」と隠語で表記している。なぜこんな方法を取っているかと言えば、プロフィールサイトの運営会社が「安全対策」としてメールアドレスの掲載を許可していない場合があるため。そのまま「softbank.ne.jp」と書いてしまうと「バレバレ」になってしまうから、隠語を使ってアドレスを伝えるわけだ。

こんなふうに、真里菜さんではない誰かが彼女になりすまし、勝手にメールアドレスを書き込んで「エロいことが大好きな女の子」に仕立て上げたのではないか。当時、彼女や母親、教師はそんな推察を持ったという。

「でも、いったい誰がそんなことをしたのかわからないし、結局プロフ自体も見つけられなかったんです。ネットに詳しい先生からは、とにかくなんらかの形で個人情報が流出してるみたいだから、すぐに携帯の番号とメールアドレスを変えて、変更したやつはしばらくの間、友達にも誰にも教えないように、って言われました。それで、そのとおりにしたら、おかしなメールがこなくなった。ホッとしたけど、でもそれって知り合いの誰かが流出させてた、ってことになるじゃないですか。なんかもう、ほんと目の前真っ暗で、それからは人間不信になっちゃいましたよ」

モデル、アイドル募集への甘い罠

真里菜さんの場合は、誰かが勝手に、おそらくはなんらかの悪意を持って個人情報を流出させた可能性があるが、子ども自身が自分のプロフィールや連絡先を他人に教えてしまうケースもあとを絶たない。

もっとも、子ども本人には、「個人情報が流出している」という意識はあまりなく、要は知らないうちに、巧妙に誘導されていることが少なくない。

たとえば「今スグ登録」などという言葉に釣られて、自分の名前やメールアドレス、携帯電話番号などを書き込んでしまう。なぜ安易にこうした行為に走るかと言えば、そこにはいかにも子どもの関心を呼ぶような甘い文言が並んでいるからだ。

【今ならカンタン無料登録で、ニンテンドー3DSが100円で買える！】

【最新ゲームのテストプレイヤー募集！　なんと1回1万円がもらえるよ】

【一日一回、あみだくじにトライするだけでボーナスポイントプレゼント。ポイントを集めて豪華景品をゲットしよう！】

【ティーンズ向けサイトでモデルデビューしよう！　サクッと登録してね】

【夏休み限定、ＪＣ、ＪＫ新規アイドル大募集！　登録は無料。プロカメラマンが美少女写真を撮ります！】

【最新ファッションの試着モデル募集！　モテカワコーデ（モテてかわいい洋服のコーディネート）したい女の子集まれ！】

【あの有名アイドルグループもここからデビュー。アイドルを目指す女の子、限定30名募集。今スグ登録！】

こんな調子で子どもたちを「登録」に誘導し、必要事項として個人情報を書かせるわけだ。

千葉県に住む中学一年生の由真さんは、「占い」から誘導された経験を持つ。

「ネットによくある占いのサイトで、自分の生年月日を入れて占ってたの。強運の持ち主とかって出てきて、なんか気分がいいじゃないですか。それで、もっと詳しい占いの結果が知りたいなと思ったんです」

占いもまた子どもたちの大きな関心事。今日の運勢といった身近なものから、好きな人との相性や自分の隠れた性格、将来の職業など「無料」で占うことができる。由真さんは「向いている仕事・アイドル、モデル、芸能人」と表示されたことについうれしくなり、占いサイトの入力指示に従って、自分のより詳しい個人情報を書き込んでいった。すると、サイトの画面にこんな表示が現れたのだ。

【あなたはオーディションの第一次審査を通過しました！　つづけて第二次審査を受けますか？】

なんのことだろうと少し疑問がわいたが、とにかく自分が「スカウトされた」興奮で、ついつい指示に従ってしまったという。

「ケータイで自分の顔写真を撮って、それを送信すると第二次審査が受けられるってことで……。写真は簡単に撮れるし、すぐに指定のサイトに送ったんです。そしたら今度は、二次審査通過っていうメールが来て。なんかもう超舞い上がっちゃって、ウッソー、あたし、アイドルになっちゃうわけ、みたいな。それで、あっという間に美少女アイドルのプロダクションに登録できちゃったんですよ」

由真さんは当初、「占い」をしていたはずだった。ところが、いつの間にかアイドルやモデルのオーディションを受けていることになり、ついには「プロダクションに登録」された。むろん明確な意思を持って行動しているわけではなく、いわば言葉巧みに誘導され、個人情報や自分の顔写真を「知らない誰か」に送ってしまっている。

「登録」が完了した由真さんのもとには、プロダクションからのメールが次々と届きはじめた。【お友達を誘って、アイドル発掘イベントに来ませんか】とか、【女の子三人以上集まると、あの有名タレントの握手会入場料無料!】などと、これまた子どもたちの好奇心を刺激するような内容だ。由真さんはすぐに仲良しの女の子数人を誘ったが、そのうちのひとりから「これ、やばいよ」と知らされた。

「その子にはお姉ちゃんがいて、お姉ちゃんの親友がおんなじようなプロダクションに登録したそうなんです。てっきりアイドルでデビューするのかと思ったら、だんだん水着審査とか下着の写真とか要求されたっていう話で。それ聞いて、マジやべえってはじめて思った。すぐに登録を削除したけど、もう住所とか電話番号とか、顔写真も送っちゃってるじゃないですか。ほんと、なんかこの先、やばいことに使われたらどうしよう、って今さらだけどすごく後悔してます」

由真さんはすんでのところで「甘い罠」に気づくことができたが、そうでなければポルノチックな扱いを受けていた可能性もある。実際、ローティーンの少女を対象にした水着姿や下着姿、なかには全裸といった写真や動画は、ネット上に大量に出回っている。目を覆いたくなるようなきわどいポーズを取っていたり、あきらかに性的なイメージで肢体をさらしていたりする。

みずから進んでこうした「美少女モデル」になるケースもあるが、巧妙に誘導されて取り返しのつかない結果になっている場合もあるだろう。

また、由真さんが懸念するように、すでに彼女の個人情報は流出してしまった。気軽に「占い」をしたはずなのに、想像もしなかった展開が待っていたわけだ。

ちなみに由真さんはこの一件を親には話していない。

「そんなこと言ったら、ケータイなんかやめろって怒られちゃうし。もう少ししたらスマホに買い替えたいから、親にはぜーったいに内緒です」

不安を覚えつつも「スマホに替えたい」気持ちのほうが強く、むろんネット利用をやめようなどと考えてはいないという。

ほしいのは「つながり」と「承認」

判断力や社会性が未熟な子どもにとって、いつでも、どこでも、誰とでもつながれるインターネットは、利便性の反面、大きな危険も潜在化している。それでも、多くの親たちは「我が子に限って」と思いがちだ。ニュースやワイドショーをにぎわせるネット絡みのトラブルや犯罪は、どこか遠い話のようにも感じるだろう。

親がそう深刻になれないのは我が子への信頼感かもしれないが、もうひとつ、そもそも何をしているのか見えにくいという理由もあるだろう。ケータイやスマホを手に子どもたちがどんどん文字を打ち込んでいたり、歩行中や食事中でも画面を注視していたり、そんな様子は見ることができる。

だが、どんな話を交わしているのか、誰と交流しているのか、何がそんなに楽しいのか、具体的に把握するには至っていない。だから、信じつつも一抹の不安がある、それが多くの親の本音ではないだろうか。

前述したように、ものすごい勢いでスマホが普及している。スマホは、「アプリ（アプリケーションソフト）」と呼ばれる応用ソフトをダウンロードすることで、多種多様な機能を追加することができる。

たとえば、無料のゲームアプリをダウンロードすれば、いつでも、好きなだけゲームを楽しめる。しかも、ひとりでゲームを楽しむだけでなく、インターネットを通じて誰かと対戦したり、チームを組んだり、点数を競い合うといった多彩な遊び方が可能だ。要は、「ゲーム＋つながり」が楽しめるのである。

私は以前、ネットゲーム、略してネトゲに没頭する女性を取材した。その過程で、ネトゲにのめり込む十代の子どもたちにも少なからず接したが、彼らは一様にある言葉を口にした。「仲間がいるからやめられない」、「人とのつながりがおもしろい」というものだ。

広島県に住む高校一年生の康太君は、三年前、中学一年生のときにネトゲにハマッた。中学入学のお祝いにと親から買ってもらったパソコンではじめたネットゲームは、彼にとって「ひたすら熱くなれる場所」だったという。

「僕がやってたネトゲはだいたいが戦闘系です。簡単に言うと、武器を使って敵を倒すってことになるけど、相手のパワーが強すぎてひとりでは立ち向かえない。だからゲーム上で仲間を作って、みんなで一丸となって闘うわけ。仲間を作るって言っても、お互いのキャラ（ゲームキャラクター）の力がうまく噛み合うか、性格が合うか、モチベーションが同じくらいか、結構微妙な駆け引きがあったりしてね。ネットを通じての他人同士のつながりなんだけど、リアル（現実生活）よりも人間臭いんだよね」

たとえば強力なモンスターを倒すことになったとき、仲間のうち誰が先陣を切るか、誰が後方支援するか、どんな作戦がいいか、使う武器はどうするか、そんなことを延々「会議」する。むろん、対面して会議するのではなく、チャットと呼ばれる文字ベースの会話で相談しあうのだ。

熱く語り合う仲間とはいえ、実際に会ったことはない。お互いにゲームの中で使用する名前（ニックネームのようなもの）で呼び合い、詳しい経歴などまったく知らない。それでも康太君にとって、ゲーム仲間は「誰よりも信頼できる」関係だった。

「毎日、何時間も一緒にプレイしてると、人間性が見えるんだよね。かっこいいこと言ってても、イザとなったときケツまくって逃げちゃうヤツもいるし、逆に自分を犠牲にしても仲間を救おうとするヤツもいるし。仲間の年齢層も幅広くて、僕は年下のほうだった。社会人の人とか年の離れた兄貴みたいな存在で、学校のこととか進路とか、いろいろ相談に乗ってくれたし。親からは、ゲームばっかりやってるんじゃない、ってよく怒られましたけど、ゲームであってゲームじゃないんだよね。そこでの人間臭いつながりがおもしろくて、やめられないんですよ」

表面的に見れば「ゲームをしている」のだが、彼が夢中になっているのは「ゲーム上での人間関係」なのだ。自分と一緒になって熱く闘う仲間がいて、その仲間とのつながりが断ち切れないのである。

しかも、仲間は康太君を認めてくれたり、惜しみなくほめてくれたりしたという。

「僕が会議でいいアイディアを出したり、必死に闘ったりすると、みんながすごくほめてくれるんですよ。おまえすごいぞ、よくやった、みたいに、僕という存在を承認してくれる。あれはね、本当にうれしい。パソコンの前でガッツポーズって感じですよ。学校の中のシケた友達関係とか、どうでもいいやって気になる。だいたい、学校でのつながりなんて、表面ヅラだけの寒いもんだから」

高校受験を機にしばらくネトゲから遠ざかったが、今でもゲーム仲間とは交流している。高校入学時に、今度は親からスマホを買ってもらい、「グループトーク」と呼ばれる仲間内だけの会話を楽しんだり、「暇つぶし程度」にスマホのゲームで遊んだりする。

高機能のパソコンでネットゲームをつづけてきた康太君には、スマホのゲームは「軽すぎて物足りない」そうだが、一方であらたなつながりもできた。

「僕みたいなハードゲーマーには、スマホのゲームはお子ちゃまっぽいね。ただ、スマホのゲーム人口は圧倒的に多いからいろんな人種と知り合えるし、攻略法とか教えてあげるとすごく感謝されて、なんか人気者になっちゃったり。新しく知り合った人から、また違う情報をもらうこともできるし、僕自身はネットのある時代に生きててほんと良かったって思ってます」

「無料」の先に何があるか

康太君同様、ネット利用を楽しんでいる子どもはたくさんいる。便利な機能が満載された機器を持てば、新しい情報や人間関係、知識、刺激、興奮、癒し、さまざまな楽しさが簡単に手に入る。

しかも、単に便利というだけではない。機器の購入代や定額制で一定のインターネット接続料さえ支払えば、あとは「無料」で利用できるものがあふれている。この無料こそ、子どもにとっては実に大きなメリットだ。

たとえば、先の康太君のようにゲームが大好きな場合。かつてのゲーム少年と言えば、何万円もする家庭用ゲーム機器と数千円のゲームソフトを購入しないとゲームができなかった。お金を稼げない子どもたちは、せっせとお小遣いを貯めたり、親にクリスマスプレゼントをねだったりして、ようやくゲームを楽しめたわけだ。

ところが今では、パソコンやスマホなどがあればそれでいい。大量の無料ゲームが利用できるし、ゲームで貯めたポイントを景品に交換できるといった「オマケ」までついている。ＲＭＴ（リアルマネートレード）という仕組みを使えば、ゲーム上で集めたポイントやコインを、実際の現金に換金することさえできるのだ。

これをおとな社会に当てはめてみれば、たとえば無料でパチンコをやって、出た玉数の分だけお金がもらえる。あるいは無料でバイキング料理を食べ、食べた量に応じておみやげが渡される、そんな仕組みである。

まるで夢のような話だが、ネット上では夢ではない。遊んで、楽しんで、そのうえ「お得」なシステムが確立されているのだ。

お金を持たない子どもにとっては、ゲームができたり、アニメやドラマを視聴できたり、音楽が聴けたり、勉強に役立つ情報が収集できたり、数えきれないほどの「無料」に、うれしい悲鳴といったところだろう。

また、親にとっても無料は当然うれしい。親自身も無料の恩恵を多々受けていて、もはや「タダより高いものはない」などという格言はあまり意味をなさない。むしろ、「タダだから、まっいいか」、そんな気楽さから、子どものネット利用に抵抗を持たないケースが多いだろう。

だが実際は、「無料」と標榜しながら「有料」へと誘導されたり、無料の気軽さに釣られて歯止めが利かなくなったり、無料だからこそ安易に利用してトラブルに巻き込まれるといったケースも少なくない。

二〇一二年には、「コンプガチャ問題」が一躍クローズアップされた。コンプガチャ（正式にはコンプリートガチャ）とは、一部のSNSゲームで採用された「希少品獲得」方法である。

もともと「ガチャ」とは、カプセルの中に景品が入ったもので、スーパーなどに据え置き型の機器が置かれている。お金を入れてハンドルをガチャガチャ回すと、中からカプセルが出てくることから「ガチャ」と呼ばれる。

SNSゲームでは、画面に表示されたガチャの機器にゲームコインを投入すると、アイテムやカードが複数出てくる。出てきたアイテムやカードの中にある「レアもの（希少品）」を集めると、さらに希少なアイテムやカードが手に入る仕組みだ。

ちなみに、コンプリートは「そろえる」とか「完成する」という意味。何度もガチャにチャレンジして希少なアイテムをそろえよう、これが「コンプガチャ」の意味するところだ。

ゲーム自体は無料だが、ガチャに投入するゲームコインは有料。つまり、タダではじめても、途中からお金が必要になるよう非常にうまく設計されている。

このコンプガチャに夢中になるあまり、何万円ものお金を使ってしまう子どもが出現した。「当たり」が出るまでガチャをやめられず、有料のゲームコインを投入しつづけてしまうのだ。一種のギャンブルのように「射幸心を煽っている」と批判され、社会問題化したのである。

その後、ゲームの運営会社が自主規制し、利用時のガイドラインを制定したりして一件落着した感がある。とはいえ、こうした問題は「無料」の影に潜むリスクが顕在化したに過ぎない。

前述したように、無料というのは子どもにとって大きなメリットだ。おとなの手を借りなくても、おとなからの許可がなくても、「子どもだけ」でいくらでも利用できる。言い方を変えれば、子どものやりたい放題が可能となり、しかも何をしているかおとなには見えにくい。タダでなんでもできる、それはブレーキをなくした車のように、子どもたちをますます煽っていく。

こうしてスマホを手放せなくなる

とりわけ最近の「無料ブーム」はすさまじい。通話、動画視聴、音楽ダウンロード、ゲーム、占い、ナビ、勉強のための問題集でさえ「無料」で利用できる。

しかも単なる無料にとどまらず、簡単にお小遣いを稼げるサイトまで登場している。「ポイントサイト」や「お小遣いサイト」と呼ばれるが、スマホの爆発的普及に伴って、特に中学生や高校生の間で広まっている。

「モッピー」、「げん玉」、「ハピタス」、「ゲットマネー」などが人気を集めるが、そもそも「お小遣いサイト」とはどういった仕組みなのだろうか。

まずはスマホやパソコンから無料で会員登録をする。名前やメールアドレス、住所などを入力するだけで簡単に登録が済む。

会員登録を終えたら、今度はお小遣いサイトに表示されるゲームで遊んだり、アンケートに答えたりする。あるいは、「無料アプリ」の一覧から気に入ったものを自分のスマホにダウンロードする。この無料アプリは、ゲームやグルメ、動画、クーポンなど多くの種類があり、好きなものをインストールすれば、それだけでポイントが獲得できる。

たとえばゲームアプリをインストールしたら五〇ポイント、さらにそのゲームで遊んだら一回ごとに三〇ポイントなどと加算されていく。貯まったポイント数に応じて、アマゾンやiTunesなどのギフト券、スイカなどの電子マネーと交換できる仕組みだ。つまり、「遊んでいるだけでお小遣いが稼げる」という、子どもにとっては夢のようなシステムなのである。

　このお小遣いサイトを利用中の亜佐美さんは、兵庫県の公立高校一年生。友達からのクチコミで半年前にはじめたが、「一カ月平均で五千円以上は稼いでる」と得意げだ。

「いろんなお小遣いサイトに登録して、無料のアプリを自分のスマホにどんどん取り込んでいくの。ゲームアプリだったらゲームをやればいいし、ショップ（お店）のアンケートに答えるとか、ＣＭの動画を見るとか、写真を投稿するとか、とにかく簡単にポイントが貯まっていくのがうれしい。友達ともポイント数を競争したりするから、なおさら熱くなっちゃうんです」

　なにやらいいことづくめのようにも思えるが、アプリをインストールしたり、ゲームを利用するためにはスマホを操作しなくてはならない。一回ごとの操作時間は数分程度だが、これを一日何十回と繰り返せば相当な時間が必要だ。

　よりポイント数の大きいアプリを探したり、効率的なポイント獲得方法の情報を調べたりと、気づけば何時間も連続でスマホを手にしている。毎日、新しいアプリが更新されるため、登録済みのお小遣いサイトをもれなくチェックし終わるころには深夜というのも珍しくない。

「やっぱりお金に直結してるっていうのが最大の魅力なんですよね。だって、親に頼まなくても、バイトをしなくてもお金が入るって、高校生にとったら革命的なことじゃないですか。マイナス点があるとしたら、一日中スマホを手放せなくなることと、競争心に煽られてもっと稼がなくちゃって焦りまくることかな」

通学途中だろうと、授業中だろうと、亜佐美さんはスマホを操作しつづけるという。お小遣いサイトによっては、一定の期間や時間限定でボーナスポイントが獲得できるため、「チャンスを逃したくない」一心でチェックを怠れないのだ。

だが、ポイントが貯まる、つまりお小遣いが稼げる一方で、当然ながら勉強などうわの空。ときには食事さえとらずに熱中するというから、これはこれで問題だろう。

もっとも、当の亜佐美さんは屈託がない。

「別にお小遣いサイトやらなくたって、どっちにしてもうちらはスマホを手放せないと思うし。イマドキ、並みの女子だったらＬＩＮＥとか夢中にやっちゃうでしょ。ＬＩＮＥは何時間ぶっ通しでやってもお金稼げないじゃないですか。でも、お小遣いサイトはやればやるだけお得なんだから。悪いことしてお金稼いでるわけじゃないし、便利なシステムに乗っかってるだけ。いやぁ、いい時代に生まれたなぁって思いますよ」

実のところ、亜佐美さんの言うことにも一理ある。たとえお小遣いサイトに夢中にならなくても、「コミュニケーション」を重視するあまり、スマホを手放せなくなる子どもはあとを絶たない。その代表格が、爆発的な人気を誇るＬＩＮＥだ。

「招待」に潜む嫌がらせ

二〇一三年七月現在、利用者数が世界で二億人を突破したＬＩＮＥというスマホのアプリは、無料電話の機能にプラスして、グループを作ったり、写真を投稿したり、ゲームを楽しんだり、自分がいる現在地をＧＰＳで友達に送ったりと便利な機能が満載されている。

何時間話しても通話料は無料だから時間を気にせず友達と長話できるし、楽しいゲームを延々とつづけてもいい。また、ＬＩＮＥのようなＳＮＳは、「同じ情報をグループで簡単に共有できる」という特徴がある。

たとえば仲良しの女の子五人組でグループを作ると、誰かが書き込んだ内容を五人が同時に読むことができる。A子さんが〈今日、学校の帰りにショッピングセンター寄らない?〉と書き込み、B子さんが〈いいね!〉、C子さんが〈何買う?〉とつづいたとする。この三人の「トーク」(メッセージのやりとり)は、残りのD子さんとE子さんにもリアルタイムで表示され、簡単にみんなの発言が把握できるのだ。

また、ＬＩＮＥには「スタンプ」と呼ばれるイラストが多数用意されており、これを感

LINEトーク画面の例

情表現の代わりに使用することができる。「かわいい」、「おもしろい」、「ありがとう」、「やったね！」、「困っちゃう」、そんな感情を表現するスタンプを用いることで、「使って楽しい」感覚がより強まる仕組みだ。

こんなふうに、「トーク」や「スタンプ」を駆使して仲間内で盛り上がる。互いの状況や感情を即時共有できることで「濃い友達関係」が作りやすいが、一方ではその関係に入れるか、入れないかという問題も起きやすい。

グループに入るためには、すでにメンバーになっている人からの「招待」が必要だ。だが、「自分だけ招待されない」などと訴える声が少なくない。「友達」だと思っていた仲間がグループ内の話題が盛り上がっているときに、自分だけはそこに入れないとしたら、どうしたって疎外感を味わうだろう。

仮に招待されてグループに入れたとしても安泰ではない。ＬＩＮＥには、ブロック機能や強制退会の機能があり、これを使って「気に入らない子を排除する」ことができてしまう。

たとえば、Ｆ子さん、Ｇ子さん、Ｈ子さんの三人でグループを作っていたとして、このうちＦ子さんとＧ子さんが「Ｈ子ってウザイね。もう絡むのやめよう」となったとする。そこで強制退会機能を使い、自分たちのグループからＨ子さんを一方的に追い出してしまうのだ。

あるいは、嫌がらせとしてグループに招待し、相手を貶めるといった悪質な形でも使われている。

二〇一三年七月、インターネットの質問サイト『教えて！ｇｏｏ』に、ＬＩＮＥの悩みとして次のような女の子の投稿があった。

〈〇〇がうざい人の集まりというグループに招待されました。〇〇とは私の名前です。同じ名字の人が学年にもう一人いるので最初は私のことじゃないと思ったんですが、私が入っているグループでみんなが退会して私だけ残されました。

最後の発言は、「〇〇って最近うざいな」でした。

○○がうざい人の集まりは、知らない人が入っていて、知ってる人はみんな入ってないんですが、どんなこと言われてるかわかりません。アイコンは、しねの意味のものでした。〉

この質問を書いた女の子は、「○○がうざい人の集まり」というグループから招待されている。「○○」は自分の名前、たとえば彼女が鈴木という名前だとしたら、「鈴木がうざい人の集まり」というグループが作られているわけだ。

自分のことを「うざい」と思う人たちがグループを作っているだけでもショックに違いないが、わざわざそのグループに入るよう「招待」されてしまう。おまけに「しね（死ね）」を意味するイラストが添えられていたというから、これはどう考えてもいじめだろう。

グループに入れなくても、入っても、入るよう促されても、それぞれ違った形で子どもたちを傷つける現実がある。おまけに加害者も被害者も子どもという、子ども同士の陰湿な関係が展開されているのだ。

疑心暗鬼のコミュニケーション

友達のはずなのにＬＩＮＥのグループに入れてもらえない。仲良くしていたはずなのに自分だけがグループから強制退会させられた。ＬＩＮＥのグループメンバーから悪口を言われつづけている――。便利さの反面で、子ども同士の関係は「互いの空気をどう読むか」といった緊張感が増しているように思う。

特にＬＩＮＥの「既読」という機能をめぐり、あらたな問題が生じている。「既読」とは読んで字のごとく、「すでにあなたのメッセージを読みました」という意味だ。誰かが友達にメッセージを送り、そのメッセージが相手に読まれると、「既読」という文字が表示される。送信した人は、「相手が読んだな」とわかるわけで一見便利な機能だが、読んだはずの相手から返信がないと、双方の関係にトラブルが生じやすい。

送ったほうは、「私のメッセージを読んだはずなのに、返事をよこさないってどういうこと？」とイライラしたり、「返事がないから、嫌われたのかな？」と不安になったりする。

「既読」しているのに何のリアクションもないことを「既読無視」と言い、一部の子どもたちはこの既読無視に非常に敏感になっているのだ。

「既読無視は結構やばいですよ。とにかくすぐにレス（返信）しないと、相手を怒らせちゃったり、なんかムカつくことあったぁ？　みたいに誤解されちゃうし。既読無視は犯罪です、っていうスタンプもあって、そんなの送られたら、うわぁー、マジこれやばいじゃん、って固まる」

そう嘆息するのは、東京都の高校一年生、優美さんだ。スマホを買ってもらってすぐにＬＩＮＥに登録、同じクラスの女子たちが作っているグループに入れてもらった。最初のトークでメンバーから伝えられたのが、「既読無視しないでね」だったという。

「昔のケータイのメールでも即レスとかいって、なるべく早くレスしないとダメ、みたいな空気あったけど……。でも、ケータイのメールなら、相手が読んだかどうかわからないし、すぐに返事が来なくても、まぁなんか忙しいのかな、と待てる余裕があったんですよね。それが、ＬＩＮＥはリアルタイムで既読が表示されちゃうから、相手が読んでるのに返信がないことに、いろんな想像が起きやすいっていうか。既読無視は傷つくとか、既読無視する人はゴーマンとか、うちらの間では、わりとシビアな話になっちゃってます」

優美さんが語る感覚は、おとなにはなかなか理解できないものだろう。相手からすぐに返信がこなくても、それで「傷つく」とはなんとも短絡的に思える。だが、便利な機能にどっぷり浸かっている子どもにとっては、わずかな時間も待てなかったり、些細なすれ違いが大きなミゾになってしまう。

簡単に、そして多様なコミュニケーションができる一方で、お互いの言動に敏感なあまり疑心暗鬼に陥りやすいのだ。

「ＬＩＮＥとかほんと便利だし、おもしろいんだけど、まぁ疲れますよね。なんていうか、いつもアンテナをビンビン立ててないと、はい、この人乗り遅れ、イタ女《じょ》（痛い女の子）っていうふうに思われるんじゃないかと。それに、グループ作るのは簡単だけど、ずっとその関係を維持していくのはしんどい。学校終わってバイバイ、ってわけにいかないじゃないですか。夜中だろうとなんだろうと、二四時間つながっちゃってるし。よくよく考えたらこれってキツイですよね」

優美さんのように「疲れ」を感じる子どもも少なくないが、それでも次々と新しい機能は生まれていく。より便利に、より楽しく、そしてより速く進化するネット社会で、子どもたちは良くも悪くもその渦中にいるのだ。

禁止して解決するのか

子どものネット利用に危険性があることは否定できないが、ではケータイやスマホを禁止にすれば問題は解決するのだろうか。

ネットいじめなどが問題視されるにつれ、教育現場では着々と規制の動きが進んでいる。二〇一三年五月二五日付読売新聞には、滋賀県大津市の例が次のように掲載された。

ＬＩＮＥのからかい理由に携帯持ち込み禁止の市

大津市教委は24日、４月に把握した小中学校でのいじめや、いじめの疑いがある事案のうち、スマートフォン（高機能携帯電話）向け無料通話アプリ「ＬＩＮＥ（ライン）」を使ってからかうなどしたケースが４件あったと明らかにした（中略）。市教委によると、いずれも中学校の事案で、生徒同士でふざけて変な顔をした時に撮影した顔写真をライン上に掲載。同じ学校で利用登録した生徒らの目に触れる状態だったことに保護者が気づき、学校に報告した事案が３校で各１件、あったという。あと１件は、報告を受けた１校が行った調査で、同様の事例を見つけた。

各校が個別に聞き取った結果、生徒同士はいずれも「からかいの延長」と考え、深刻ないじめに発展していなかった、と判断した。ただ、「いじめにつながりかねない」として、教員が注意したという。

ケータイやスマホを学校内に持ち込まないようにすれば、なるほど「学校内」でのトラブルは起きなくなるかもしれない。子どもたちがネットトラブルに直面したとき、「学校では禁止しています」と言えば、学校側の責任は問われなくなるだろう。

だが、学校外ではいつでも、どこでも、誰とでもつながれる環境だ。しかも、「つながっているのは学校内の人間関係」の延長線上にある。同じクラス、部活動、委員会、同級生、先輩後輩、そんな学校つながりから派生したネットトラブルが圧倒的なのだ。

建前のように禁止にしたところで、問題はおそらく解決しない。むしろ、問題が起きることを前提に相談窓口を用意したり、学校と保護者が積極的に情報交換していく態勢を作るのが現実的ではないだろうか。

こうした教育現場の動きに、「所詮ことなかれ主義なんですよね」と冷めて言うのは高校一年生の駿介君だ。小学生のときからパソコンが大好きで、中学時代には自作のソフトを作ったこともある。将来は情報セキュリティー関連の仕事に就きたいという根っからのデジタルっ子である。

「なんつーか、やってることが臭いものにフタ、っていう古い発想なんですよね。持ち込み禁止とかってやったって、学校以外の場所じゃめっちゃ使えるんだから、どーゆー意味あんだかって感じ。結局、おとなは自分たちじゃ対応できないから、それが怖くて逃げ回ってるんじゃないですか」

駿介君は難関の中高一貫校に通っている。彼の学校では、情報教育の一環としてネット上での表現の自由や個人情報の取り扱い、人権侵害などについて学ぶ機会がある。その際、実際のネット掲示板で起きた誹謗中傷の例を出し、どういった対処法があるか具体的に生徒に考えさせるという。

たとえば〈駿介キモイ。おまえがいると教室が臭くなる。学校来るな。氏ね（死ね）〉といった書き込みがあった場合、これを書いた人物をどう特定するか、書き込みの内容を削除するにはどうしたらいいか、警察や人権相談所とどう連携するかなどを実践的に学ぶのだ。

「僕はそっち系には詳しいけど、全然知らないヤツも結構いるしね。そういう授業を受けて、救われるヤツもいっぱいいると思う。要は、みんな、なんかトラブったときどうしよう、っていうのが心配なわけじゃないですか。事前にちゃんと対応を知っておけば、それだけ気持ちが強くなれるよね。それに、逆の場合、自分がなんかやばいこと書き込みすると、こんなふうに問題になるんだなってことも実感としてわかる。たとえば、匿名で書き込んでも書いたヤツは特定できちゃうとか。そういうことをわかってたほうが、絶対いいと思うんですよ」

駿介君の言葉は、教育現場への示唆に富んでいる。臭いものにフタをするのではなく、あえて臭いものを見せて、そこにどう対処するかを学んだほうが「強くなれる」のだ。

それでも現状、多くの子どもたちは便利な機器だけを与えられ、あるいは一方的に禁止され、何が危なくて、どう使えば危なくないのか、明確には教えられない。

むろん、第一の責任の所在はケータイやスマホを買い与える家庭にある。だが、前述したように「学校つながりの延長線上」にトラブルが起きている現状を考えれば、なんらかの形で実践的な教育、啓蒙が必要だろう。

ネット社会の中で子どもとどう向き合うか

そもそも、子どもたちはなぜネット世界にどっぷりと浸かり、人とのつながりに懸命になるのだろうか。

便利な機器、大量の情報、無料の楽しみ、そんな好条件がそろっているわけだから、子どもに限らず誰にとっても魅力的には違いない。

仲間や友達とより深くつながることができたり、知らない人と出会えたり、遠くにいる人の状況が手に取るようにわかったり、多様なメリットも享受できる。

一方で、二四時間途切れないつながりに疲れ、互いのコミュニケーションに疑心暗鬼になる。誹謗中傷、嫌がらせ、いじめといった深刻な問題も起きやすい。

利便性と危険性の狭間で彼らは何を思うのか、先の駿介君は、同世代の気持ちをこんなふうにまとめる。

「僕らにとって、ネットはごくあたりまえにあるもので、使わないという発想はみんな持ってないんじゃないかな。暑いときにクーラーをつけるみたいに、日常生活に溶け込んでいるものだから、正直ネットへの抵抗なんてないんですよね。なんか事件があると、ネット悪玉論みたいなことを言うおとながいるけど、本質ってそこにあるのかなぁ？　ネットにはウソが多いとか、犯罪の温床とか批判されるけど、リアルだって人の見てないところで悪いことするヤツはいっぱいいるじゃないですか」

彼はネットを特別視せず、むしろ「リアル（現実生活）」の人間の在り様を映し出す鏡のようなものだと言う。

「今ってなんか寂しいじゃないですか。将来、不安じゃないですか。格差とか、就職難とか、ブラック企業（長時間残業や賃金不払い、パワハラなどがある企業）とか、国が借金漬けとか、リアルじゃほんといい話聞かないよね。特に、僕らみたいな若いヤツは、先の見通しが立たなくて自分の将来像が全然描けない。ほんとはそういう不安を汲み取ってくれる人間関係があればいいんだけど、おとなは目先のこととか今の自分で手一杯。これからの未来の在り方を真剣に考えて、責任持ってがんばろう、みたいな人って少ないよね。そういう、自分さえよければいい的な空気が伝わるから、子どもはいろんなことが怖いし、焦っちゃうんだと思う。失敗できないと思うからいち早く情報に乗り遅れるなってなるし、頼れる人が見つけにくいからとにかく誰かとつながっておこう、そんなふうになるんじゃないかな」

駿介君の言葉に、私自身、深くうなずけるものがある。高速化、効率化が求められる現代では、多くのおとながますます余裕をなくし目先のことに追われている。不安や不満には敏感だが、責任や義務については主体的になりにくい。それこそケータイやスマホで言えば、「子どもがスマホばっかりやってて困る」と不満は口にしても、自分が親としてどう責任を持って監督すればいいのかはあとまわしにしがちだ。

子どもたちは確かにケータイやスマホを欲しがる。「ネットをやりたい」、「ネットは楽しい」と思っている。だが一方で、それらを与えてくれるおとなの姿勢もシビアに見ている。

どう使い、何をするのか、おとなはしっかり見ているよ、何かあったら必ず力になるよ、そんな「おとなの責任」が示されてこそ、彼らはより確かに、ネット社会を生きられるのではないか。

この章の最後に、二〇一三年、全世界で話題になった「ｉＰｈｏｎｅ18の約束」を紹介しよう。

これは、アメリカのマサチューセッツ州に住む母親、ジャネル・ホフマンさんが、十三歳の息子に送ったメッセージだ。クリスマスに、息子がほしがっていたｉＰｈｏｎｅをプレゼントした際、親としての責任と愛情を示したものである。

【iPhone18の約束】

① これは私の携帯です。私が購入したものです、だから当然支払いもします。あなたに貸してるだけです。

② パスワードは私が管理します。

③ これは電話です。鳴ったら出ること。「もしもし、こんにちは」と礼儀正しく言いなさい。もし画面にパパやママと出たら無視することなく必ず出なさい。

④ 学校がある日は午後七時三十分、週末は午後九時に私に返却しなさい。友達の親が直接出る固定電話に電話できないような相手なら、その人には電話もSMS（ショートメッセージサービス）もしないこと。自分の直感を信じて、他の家族も尊重しなさい。

⑤ 携帯電話は学校に持って行ってはいけません。メールのやりとりをする子とは直接会話をしなさい。会話することは人生のスキルです。

⑥ 携帯電話をトイレや床に落としたり、破損した場合の修理費用はあなたの責任です。お手伝いや誕生日のお祝い金であなたに払ってもらいます。こういうことは起こります。準備していてください。

⑦ このテクノロジーを使って嘘をついたり、人をバカにしたりしないこと。人を傷つけるような会話に参加しないこと。人のためになることを第一に考え、ケンカに参加しないこと。

⑧ 人に面と向かって言えないようなことをこの携帯を使ってSMSやメールでしないこと。

⑨ 友達の親の前で言えないようなことをSMSやメールでしないこと。自己規制してください。

⑩ ポルノは禁止。母とオープンに共有できる情報を検索してください。何か質問したいことがあれば人に尋ねなさい。なるべく私かパパに聞いてください。

⑪ 公共の場では電源を切るかマナーモードに設定すること。特にレストランや映画館、他の人と話しているときは気をつけてください。

⑫ 他の人にあなたの大事な部分（性器など）の写真を送ったり受け取ったりしないこと。笑わないで。あなたがいくら賢くてもそういうことをしたくなる時期がやってきます。インターネットはあなたよりも非常に巨大で強力なのです。これほどの規模を消すのは難しいし、風評を消すのも難しいのよ。

⑬ 膨大な数の写真やビデオを撮らないこと。すべてを記録する必要はありません。自分

自身の体験を大切に。そうした体験は永遠に残るものです。

⑭ときどき家に携帯を置いていきなさい。携帯電話は生き物ではないし、あなたの一部でもありません。携帯電話なしでも暮らしていけることを覚えてください。取り残されることを恐れるのではなく、流行に左右されない器の大きい人間になりなさい。

⑮新しい曲、クラシックなど、いろんな曲をダウンロードしなさい。あなたの仲間が聴いている音楽だけでなくさまざまな曲を聴きなさい。あなたの世代はもっとも音楽にアクセスできる世代なのよ。利点を活用して視野を広げなさい。

⑯ときどきワードゲームやパズルや知能ゲームで遊んでください。

⑰上を向いて歩きなさい。あなたの周囲の世界に目を向けなさい。窓の外を眺めたり、鳥の声を聞いたり、散歩をしたり、知らない人と会話をしてみなさい。グーグルで検索せずに思考しなさい。

⑱あなたは約束を守れないかもしれません。そのときはあなたの携帯電話を没収します。失敗について、話し合いをしましょう。また一からはじめるのです。私はあなたのチームメイトです。一緒に答えを出していきましょう。

第3章

「生きる力」のゆくえ

「サザエさん」と「ポケモン」の家族像

国民的アニメと言える「サザエさん」は、昭和の香り漂うファミリードラマの代表格だ。磯野家は七人の大家族だが、正確には磯野家とフグ田家の二世帯同居である。磯野波平、フネ、カツオ、ワカメという親子関係に、結婚したフグ田サザエ、夫のマスオ、子どものタラちゃんという別の親子関係が加わる。磯野家の家族関係は、夫婦、親子、叔父や叔母と甥っ子、義理のきょうだいと、実はバラエティに富んでいるのだ。

おまけに登場人物も非常に幅広い。波平の甥で、カツオとワカメの従兄になる波野ノリスケ、妻のタイ子、子どものイクラちゃんとの交流はお馴染みのもの。隣人の伊佐坂家もしばしば登場するし、タラちゃんのガールフレンドのリカちゃんも出てくる。

近所の酒屋・三河屋のサブちゃんが御用聞きに来たり、カツオの同級生の中島、花沢さん、マスオの会社の同僚である穴子君など多彩な脇役がごく自然に登場し、それが一層豊かなストーリー展開につながっている。

家族、近隣、親戚、学校、会社といったさまざまな人間関係が描かれる「サザエさん」の一方で、平成の今、子どもたちに絶大な人気を誇る「ポケモン（正式にはポケットモンスター）」には家族が描かれていない。

「ポケモン」はゲームやアニメ、映画などがシリーズ化され、国内だけでなく海外でも高い人気を誇っている。十歳の少年・サトシが主人公で、ピカチュウというネズミ型のキャラクターと一緒に旅をしながら、各地でポケットモンスターと闘う設定だ。

サトシが仲間の少年と協力したり、ライバルと対決したりする場面は多いが、家族との団らんはまったく出てこない。母親はハナコという名前だがほとんど登場せず、父親に至っては「写真だけ」しか確認されていないのだ。

当然、近隣や親戚との交流などはなく、唯一出てくるのはサトシの出身地のマサラタウンで隣に住むオーキド博士なる人物。このオーキド博士からピカチュウをもらったという設定で、彼だけがサトシの「知り合いのおとな」と言えるだろう。

サトシが旅をしていることを考えると、家族や近隣との交流がないのは無理からぬことかもしれないが、先のサザエさんと比べると、「人物」や「人間関係」の描写が相当に少ない。

また、日常生活の場面でも「サザエさん」と「ポケモン」は別世界だ。「サザエさん」には、食事、入浴、テレビ視聴、子ども部屋、台所、宿題、教室、通学路、商店街など、登場人物の身近にある生活風景が事細かに表現されている。

たとえばカツオが台所でつまみ食いをしてサザエさんから叱られたり、母親であるフネから近所へのおつかいを頼まれたり、下校の途中で寄り道をするといった多彩な場面が描かれる。

お正月、節分、七夕、お月見などの季節ごとの行事、一家での海水浴や温泉旅行など、風習やイベントも盛りだくさんだ。

一方の「ポケモン」は、人工的な高層ビル群の中で、特殊な能力やアイテムを使ってモンスターと闘う。サトシは闘いで倒したモンスターを小型のデジタル機器で管理し、そのデータをポケモンセンターという研究所のメインパソコンに転送する。まさに、イマドキの少年の象徴とも言える主人公である。

ただし、ポケモンでは、サトシや仲間の少年たちとの「友情」がテーマとも言われる。ポケモンファンの子どもたちに話を聞くと、「サトシが仲間と力を合わせてモンスターと闘うところが大好き」といった熱烈な声が上がり、彼らにとってサトシはある意味ヒーローなのだ。要は、近隣や親戚よりも友達との関係、等身大のデジタル少年のほうが身近に感じるのだろう。

昭和と平成、それぞれの人気アニメからは、子どもを取り巻く社会環境の違いがはっきりと見て取れる。

多様な人間関係や生活風景に囲まれていた子どもたちは、近隣や親戚とのつながり、見知らぬおとなや慣れない場所とのかかわり、そうした体験をどんどん失っている。生身の人間関係に乏しい反面、テレビやパソコン、スマホなどの便利な機器に囲まれる。

あらたな社会環境に応じた体験や友情が得られればいいが、実際の生活は実感を伴わない、どこか無機質なものになりつつある。

飯ごう炊さんのレトルトカレー

都心の高層マンション群に近い保育園を取材したときのこと、幼い子どもたちが園庭のプールで水遊びをしていた。傍に立つ保育士がすくい網を手にしているので、「おもちゃの魚釣りでもするんですか?」と尋ねてみた。

すると、保育士は困ったように苦笑した。

「いいえ。プールの水に虫が入ってきたり、ゴミが浮いたりするでしょ? 子どもたちが、とにかく虫を嫌がるんですよ。小さなアリとか、ダンゴ虫とか、バッタとか、以前なら子どもは目を輝かせて追っかけたものだけど、今は、気持ち悪いって嫌がるんです」

そう言われて驚くとともに、なるほどと納得する部分もあった。高層マンションの上階ではハエや蚊も飛んでこないと聞いたことがあるが、コンクリートの建物にアスファルトの道路だらけでは、ダンゴ虫やミミズをつかまえて遊ぶというわけにもいかないのだろう。

　この保育園では、園児用の虫除けスプレーや日焼け止めクリーム、滅菌作用のある消毒ジェルも常備しているという。「外で遊ぶときは、必ず虫除けスプレーを使ってください」とか、「日焼けさせないでください」といった保護者からの要望があるからだ。

　当の子どもたちも、汚れることや汗をかくことを敬遠するため、特に外遊びをさせる際には気を使う、保育士はそう嘆息した。

　似たような話は珍しくない。土にふれたり、雨に濡れたり、火の熱さを体感したり、おとなたちがごく自然に得た体験が、だんだん「特別なこと」になっている。

　数年前、首都圏の公立小学校に子どもを通わせる母親から聞いた話は驚きだった。彼女の子どもが通う小学校では、六年生を対象に飯ごう炊さんの体験学習があるという。薪で火をおこし、飯ごうでご飯を炊いてカレーを作るのが恒例だったが、その年度からは「ご飯だけを炊く」ことになった。肝心のカレーは、なんとレトルトが使われたというのだ。

　薪で火をおこすどころか、最近の子どもはマッチさえ見たことがない。米の研ぎ方を知らず、包丁の使い方もわからず、右往左往するばかり。限られた時間内で調理を済ますことがむずかしいと判断した学校は、「ご飯だけを炊く」という方針を打ち出した。

　学校側にしてみれば苦肉の策かもしれないが、「それにしてもねぇ……」と首を傾げて数日後、別の取材で会った母親にこの話をした。てっきり驚かれると思ったら、彼女は笑いながらこう切り出した。

「この前、六年生の娘の林間学校があったけど、うちの学校は反対のケースですね。つまり、カレーを作って、ご飯のほうは家で炊いたものをパックに入れて持参するの。ご飯を炊かないで、飯ごう炊さんと言えるのかなぁと思ったけど、どこでも似たような状況になっているのねぇ」

二人の母親の話から察するに、体験学習は有名無実と言っていい。だが、別の言い方をすれば、この時代に子どもたちに「真の体験を与える」ことのむずかしさが浮き彫りになっている。

エアコンやＩＨクッキングヒーターが備えられ、家庭内では火を見たことがないというケースも少なくない。そうした子どもたちに、屋外で、薪を使って火をおこせと教えたところで、「未知との遭遇」なのだろう。

もっと基本的なところ、たとえば「食べる」という行為にも体験不足が現れていると言うのは、神奈川県の公立小学校に勤務する女性教師だ。

「給食にヒジキやゼンマイの煮物が出ると、気持ち悪いと言って残す子どもが多い。家庭で食べた経験がないので、見た目だけで判断しちゃうんでしょうね。デザートに干しイモが出たときは、これって食べられる？　とみんな怖がっていたくらい。偏食傾向にある児童も増えていますね。ラーメンは麺だけ食べて具は残す、コーンスープは飲めてもみそ汁はダメ、ミカンゼリーは好きだけどミカンはイヤとか」

偏食と言っても、単なる好き嫌いの問題にとどまらない。嗜好として食べられない子どもは以前からいたが、最近では「噛めない」とか「食感がイヤ」という理由で受けつけない場合もあるという。

イカ、タコ、モヤシ、レンコン、ゴボウ、キャベツの千切り、リンゴなど多少噛みごたえのある食材は敬遠される。ミカンは酸っぱい、ブドウはヌルヌルしてイヤ、イチゴはツブツブが気持ち悪い、スイカのタネが邪魔などと、果物を避ける子どもも少なくない。

「ケーキやアイスクリーム、スナック菓子を食べる機会は多いけど、素材本来のおいしさをそのまま味わうという体験が減っている。食育の大切さが叫ばれていますけど、現実は逆行しているんじゃないでしょうか」

失われる生活体験

自然体験や生活体験の減少は、数値としてもはっきり表れている。国立青少年教育振興機構が行った『平成二十二年度青少年の体験活動等と自立に関する実態調査』から、いくつかの項目を挙げてみよう。

小学四年生から高校二年生を対象に「自然活動体験」について調査した結果、「海や川で泳いだことがほとんどない」のが二五・七%、「太陽が昇るところや沈むところを見たことがほとんどない」、「チョウやトンボ、バッタなどの昆虫をつかまえたことがほとんどない」は、ともに三五・二%である。

また「生活体験」では、「ナイフや包丁で果物の皮をむいたり、野菜を切ったことがほとんどない」が一〇・五%、「道路や公園などに落ちているゴミを拾ったことがほとんどない」は三六・一%、「赤ちゃんのおむつをかえたり、ミルクをあげたことがほとんどない」は七三・九%に上っている。

都内での取材の際に会った男子高校生が、民間団体主催のサマーキャンプに参加し、遠泳を体験したときの感想を話してくれた。

「ちょっと沖に行くと足がつかないし、海の水は超冷たくてやばかった。僕は小学生のときまでスイミングスクールに通っていたから泳ぎには自信があったんだけど、海では全然違うもんですね。ふつうに泳いでるのにめっちゃ波をかぶるし、しかもその波が塩辛くて参りましたよ。泳いでも泳いでもうまく前に進まないっていうか、自分じゃ前に進んでるつもりなのに、おい、流されてるぞ、とか監視船から怒られて。途中でリタイヤしようかどうしようか、ほんと葛藤ありまくりでした」

よくよく聞いてみると、「海で泳いだのははじめて」だという。彼は遠泳の経験自体は肯定的に受け止めていたが、「海はきつい、危険、汚いの３Ｋだってよくわかったから、この先、海で泳ぎたいとは思わない」、そう屈託なく言った。

それでも、「海水が冷たい」とか、「波が塩辛い」といったことを体感として得たことは貴重だろう。いわば皮膚感覚の体験を通して学ぶものがあるはずだ。

逆に言えば、感覚的なものが通じない子どもが増えている。たとえば、「もうちょっと待とう」とか、「あと少し前に出て」といった指示が理解できない。

東京都の公立小学校教師からはこんな話を聞いた。

「五十数えるまで待とうとか、足を二歩前に出してとか、具体的な数字で指示を出すと子どもたちには伝わるんです。でも、体感的な表現をすると、全然理解できない。たとえば、足を肩幅に広げてと言うと、肩幅がわからないんです。今日はテストが多くて息が詰まるね、と言ったら、息はできてます、と真顔で返す子どもがいる。目の高さで見てごらんと教えても、目を上下にキョロキョロ動かすばかりです」

日本語には、「体の一部分」を使った言葉が多い。たとえば、頭が痛い、という場合。頭痛がするという意味のほかに、何か困りごとがあって悩んでいるという意味もある。同じように、腹を括る、腰を据える、肝に銘じる、骨が折れるなど、実に多彩な表現でそのときの状況や気持ちの在り様を表す。

高校生の遠泳で言えば、「はじめて海で遠泳して骨が折れた」と語られてもいいわけだが、むろん遠泳のせいで骨折したわけではなく、苦労した、くたびれたという意味だ。

だが、こうした感覚的な言葉が使われたり、通じたりするためには、自身が体で感じた経験が重要だろう。先の教師はこうつづけた。

「今の子どもは、知識や情報は豊富です。でも、生活していくとなると心もとない。もちろん便利なものがそろっているけど、人が暮らしていく上では、ちょっとした気配りや相手への配慮が必要ですよね。それに、人と人との距離感をつかみ、うまくつきあっていくためには、感覚的なものがとても大事だと思う。空気を読むとか、読まないとか、子どもたちは友達関係にすごく敏感だけど、自然な感覚ではなく、感情だけで接するからうまくいかない。といって、学校や教師が感覚的なものを教えるのはむずかしいんです。家庭で、日常生活の中で少しずつ身につけていってほしいんですが、現状では厳しいでしょうね」

名前を言ってはいけません

最近の子どもは外で遊ばない、元気がない、子ども会や地域の祭りに参加しない、昨今はそんな嘆きを多く聞く。特に中高年の人からは、「今の子どもはゲームばかり」とか、「鬼ごっこやキャッチボールをやってる姿を見たことがない」などと苦い顔をされることが多い。

民生委員をしているという高齢の女性と話をしたときのこと、彼女がこんな経験談を披露してくれた。

「昼間、バスに乗っていたら、小学生が十人くらい乗ってきたの。どうやら、校外学習のようで、みんな張り切ってる。かわいいな、と思ってつい声をかけたのよ。あなたたち元気だね、どこの学校？　って。そしたら、その中のひとりの女の子が真顔で言うの。そういうことは言っちゃいけないことになってます、って。バスの中、シーンとしらけたわ」

彼女はごく自然な親しみを持って小学生に話しかけたのだが、返ってきたのは予想外の言葉だった。むろん、「学校名は言えない」と話した女の子が悪いわけではない。

おそらく、知らない人に話しかけられたら、学校名や自分の名前を言ってはいけない、そんな指導をされているのだろう。実際、「不審者対策」の一環として、氏名や住所などの個人情報を見知らぬ人に教えてはいけないと指導している学校は多い。

また、各地の小学校では「名札の廃止」が進んでいる。胸に名札をつけて歩くと、個人情報が流出したり、犯罪に巻き込まれる恐れがあるからだという。名札を全面的に廃止したケース、登下校時は名札をつけず学校内だけで使用するケース、あるいは、表と裏の両面対応で、登下校時は名札を裏返して名前を隠し、校内では名前のほうを見せる学校もある。

いずれも「安全対策」や「個人情報保護」という名目だが、かつてなら考えられなかったことだ。さらに、クラスの連絡網を作らない、卒業アルバムに住所を載せない、絵画や習字などの展示物に名前を書かない、運動会や修学旅行時に撮影された写真を配布しないなど、次から次へと事前対策が打ち出されている。

一方で、ＧＰＳ機能がついたケータイやスホマが推奨されたり、「通学路に怪しい人がいる」といった不審者情報メールが保護者に一斉送信される学校もある。

子どもを危険から遠ざけることは大切かもしれないが、行き過ぎれば彼らから貴重な生活体験を奪ってしまう。知らない人に話しかけられて仲良くなる前に、話しかけられたらすぐに逃げる、そんな指導が果たしてどんな効果をもたらすのだろうか。

もっとも、学校だけが特別過敏な対応をしているわけではない。むしろ、過剰なまでの

公園内に掲げられる「禁止看板」の例

対応をしなくては許されない空気が、社会全体に蔓延しているとも言えるだろう。

たとえば公園の状況を見てみよう。子どもたちが元気に走り回ったり、遊具で遊んだり、ボール投げや砂遊びをしたり、公園にはそんなイメージが思い浮かぶ。だが、そこに掲げられる注意喚起の看板には、まったく逆の文言が並ぶのだ。

「サッカー禁止　見かけたら一一〇番します」

「他の利用者から苦情も多く危険　迷惑となることから
この公園での球技を禁止します」

「周辺住民　公園利用者等の迷惑になるため　公園内での
野球、サッカーなどのボール遊びを禁止」

各地への取材のついでに、近くの公園に立ち寄って看板を見ると、「自転車の乗り入れ禁止」、「芝生への立ち入り禁止」、「花火禁止」、「大声禁止」、「音楽禁止」、「ダンスの練習禁止」、「飲食禁止」などとさまざまな注意喚起がなされている。

むろん、他人に迷惑をかけたり、危険が及ぶ行為は許されるものではないが、子どもが公園でボール遊びさえできない状況を作っているのはほかならぬおとなたちだ。サッカーボールを蹴っただけで「一一〇番します」と警告される状況下で、本当に子どもが伸び伸びと遊べるものだろうか。

首都圏の児童館へ取材に赴いた際、隣接する屋外のプレイガーデンから「ピーピー」という大きな音が聞こえた。何事かと思って外へ出ると、その場で遊んでいた小学生の防犯ブザーが鳴っていた。遊具で遊んでいたのだが、何かの拍子に首から提げたブザーが鳴ってしまったらしい。

もしや緊急事態かとあわてた職員は安堵し、小学生も照れ笑いを浮かべてその場は無事に収まった。だが、その後あらためて職員に話を聞くと、「子どもが危険なことに巻き込まれないよう、いつも用心しています」と言う。

「防犯カメラも各所に設置しているんですが、それだけで全部をカバーしきれない。子どもたちには少しでもおかしいと思ったら、防犯ブザーを鳴らすか、大声を上げるように指導しています。今回は誤作動で済んでよかったですよ」

明るい顔でそう説明されたが、そこまで「安全対策」が取られていることに複雑な気持ちがした。

　地域のつながりが希薄化した現状では、リアルな「人の目」よりも機械的な「カメラの目」に頼らざるを得ないという事情もあるだろう。危険を避けて存分に遊べることは大切だが、一方で窮屈な現実に直面する子どもたちがどこか痛々しくも感じられた。

「生きる力」のゆくえ

　文部科学省は、新学習指導要領の全面実施（小学校：平成二三年度、中学校：平成二四年年度、高校：平成二五年度の入学生から実施）にあたり、その趣旨を保護者向けに広報している。

①　学校で学ぶ内容が充実します
②　授業の時間数が増加します
③　子どもたちの「生きる力」を育みます
④　子どもたちの「生きる力」を育むためには、学校・家庭・地域の連携・協力が必要です

　このうち「生きる力」を「学習指導要領の理念」と位置付け、具体的に次の三点を掲げている。

○確かな学力：基礎・基本を確実に身に付け、みずから課題を見つけ、みずから学び、みずから考え、主体的に判断し、行動し、よりよく問題を解決する資質や能力

○健康・体力：たくましく生きるための健康や体力

○豊かな人間性：みずからを律しつつ、他人とともに協調し、他人を思いやる心や感動する心など

まさに「正論」ではあるのだが、子どもたちを取り巻く社会環境を考えたとき、実現へのハードルは高いと言わざるを得ない。

「主体的に判断し、行動し、よりよく問題を解決する資質や能力」を養うためには、幅広い生活体験が必要だろう。「他人とともに協調する」には、豊かで多様な人間関係の土台がほしい。

だが、現実は逆行し、飯ごう炊さんでレトルトカレーを使ったり、知らないおとなと話してはいけなかったり、公園には軒並み「禁止看板」が掲げられている。制約や制限だらけの環境で、具体的にどんな「生きる力」が育めるものだろうか。

子どもの現場を取材して特に気になるのは、彼らから意欲的な言葉を聞く機会が減っていることだ。逆に、「どうせ無理」とか、「やってもしょうがない」とか、「つまんないそうだからやめとく」、そんなマイナス志向の言葉がしばしば返ってくる。

知人の中学教師から「出前授業」を頼まれたことがある。さまざまな職業に就いているおとなを招き、仕事の内容や目標、喜びや苦労などを語るというものだ。中学生の職業教育の一環として、当日は大工さんやピアニスト、喫茶店経営、システムエンジニア、イラストレーターなど多彩な顔ぶれの社会人が集まった。

私は二年生のクラスで「本や雑誌の記事を書く」ことをテーマに話をし、その後、生徒たちに簡単な原稿を書いてもらうことになった。半分だけストーリーが書かれた用紙を配り、「このつづきを自由に書いてください」と言うと、「何書けばいいのか、わかんない」と戸惑った声が上がる。

「なんでもいいですよ。短くてもいいから、自分の好きなように書いてみてね」と重ねて言ってみたが、彼らの筆はなかなか進まない。

あとから聞いてみると、「自由に」とか、「好きなように」書く、それがむずかしかったという。決められたテーマに沿って書くのは得意でも、自発的にストーリーを作るのが苦手なのだ。

出前授業を担当した他の社会人からも、似たような話が上がった。「仕事の話はまじめに聞いてくれたけど、将来きみたちもやりたい？　って質問したら、無理です、って即答されちゃった」と苦笑したのは大工さん。

喫茶店経営の女性は、「休みが少なくて、あんまり儲からなくて、なのになんでそんな仕事してるんですか、って真顔で言われたの。お客さんとの出会いが楽しいのよと説明したけど、ふーん、って感じであまり通じてないみたいだった」と嘆息した。

私たちおとなの伝え方に足りない点があったかもしれないが、子どもたちの自発性の低さは数字としてもはっきり表れている。

『平成二十二年度青少年の体験活動等と自立に関する実態調査』(国立青少年教育振興機構)では、小学四年生から高校二年生を対象に自立や自分像についての調査が行われた。「人から言われなくても、自分から進んでやる」という項目では、「とても当てはまる」が一〇・一%と約一割。「少し当てはまる」が四七・五%いるが、「あまり当てはまらない」、「まったく当てはまらない」の合計が四二%と拮抗している。

さらに、「イライラしたり、むしゃくしゃすることがある(よくある+時々ある)」は七二・四%、「悩んだり、落ち込んだりすることがある(よくある+時々ある)」が五七・二%となっている。

こうした調査結果からは、自分に自信が持てず、傷つきやすい子どもたちの現状が推察される。

失敗を恐れる子育て

子どもたちの自発性が乏しいことには、どんな背景があるのだろうか。

ひとつには、今まで述べてきたような自然体験や生活体験の乏しさが考えられる。汗びっしょりになって体を動かす楽しさや、目を輝かせて昆虫や魚を探したりするような機会に乏しく、好奇心や冒険心が育たない。新しいことに取り組んだり、思いがけない場面に対応する能力などが身についていないから、なかなか積極的になれない。おのずと自信を持ちにくく、何かにつけて慎重になってしまう。

またひとつには、失敗することへの怖さがあるようにも思う。何かをして失敗するくらいなら最初からやらない、失敗するのが怖いからやりたくない、間違えたら恥ずかしいので何も言わない、そんなふうにがんじがらめになっているのではないだろうか。

実際、「どうせ無理」とか、「つまんなそうだからやめとく」といったネガティブな言葉を出す子どもたちにじっくり話を聞いてみると、「失敗したくない」気持ちが非常に強いのだ。

未知のもの、未体験のことにチャレンジすれば、確かに失敗の確率は高い。たとえば、はじめて自転車に乗るとしたら、最初からすいすいとペダルを漕げるはずもなく、たいていは自転車ごと倒れたりしてうまくいかないものだ。

それでも失敗を重ねるうち、やがて成功してできるようになる、というのが「体験」の本質だろう。だが、今の子どもたちはそもそも失敗しないように育てられることが多い。

子どもの現状を取材すると同時に、私は長く子育ての現場を取材してきた。この子育てが「失敗させない」、あるいは「叱らない」という風潮に変わっている。

少子化の今、一人か二人程度の子どもを大切に育てたい親の気持ちはもっともかもしれないが、それが高じると「とにかく我が子に失敗させたくない」と、あらゆることをお膳立てする。

転ばないように、ケガをしないように、ケンカしないように、恥をかかないように、あらかじめ親がうまくいくレールを敷いて、そこに子どもを乗せてしまうのだ。

子どもたちが失敗を怖がる前に、親のほうが子どもの失敗を恐れている。失敗の先にある成功をじっくりと待てなかったり、間違った答えを許せずに最初から正解を求める。そうして親のほうが、子どもにネガティブな言葉を刷り込んでいってしまう。

「失敗したら大変なことになるよ」とか、「みんなはできているのに、あんただけできないなんて恥ずかしい」とか、「間違えるくらいなら最初からやらなければいいのに」とか、「あなたには無理だからやめておきなさい」とか、「今さらやっても遅いでしょ」などとつい口にする。

こんな刷り込みをされた子どもが失敗を恐れ、自発的に物事に取り組めないのはある意味当然だろう。少しでも失敗すれば、「自分はダメな人間だ」と自己否定感を持ってしまうのも仕方ない。

まして、ほとんどの子どもは、狭い世界に押し込められている。親以外の他者、たとえば近所のおじさんや親戚のおばさんといった人間関係に乏しい彼らは、「別の視点」に触れる機会も少ない。

仮に親が、「あなたには無理だからやめておきなさい」と言ったとしても、別のおとなが「いやぁ、とりあえずやってみればなんとかなるもんだよ」などと違う言葉をかけてくれれば、子どもの視野は広がり、柔軟にもなれるだろう。

だが、地域社会が希薄化した現状では、親の言うことがすべてになっている子どもが少なくない。失敗すればあとがない、そんな硬直化した言葉ばかり受け取って、子どもたちはますます自発性を失っていく。

おまけに、社会の寛容さ、余裕もどんどんなくなっている。効率化や高速化が当然視される現代では、即答、即断、即決、こんな「常識」がことごとく求められる。

失敗しながら少しずつ覚えればいいなどという悠長なことは認められず、やるかやらないか、できなければやるな、失敗する人間は引っ込んでろ、そういう高圧的なメッセージが絶えず流されている。

これでは試行錯誤を重ねて「生きる力」を模索することなどむずかしい。子ども自身が力をなくしているというより、おとなのほうが子どもに力を与えられるだけの余裕がないのだ。

我が子の「評価」に焦る親たち

もうひとつ子育ての現場で顕著なものは、子どもの評価に一喜一憂する親の姿だ。学力が高いか低いか、積極的か消極的か、聞き分けがいいか悪いか、友達が多いか少ないか、かわいいかそうでないか、あらゆる「差」に過敏に反応する親が目立つようになった。

私も親のひとりだから、その心情は十分理解できる。我が子の評価が気になるのは親として当然とも言えるのだが、ネット社会の今、膨大な情報に翻弄され、他者との比較がますます苛烈になっている。

たとえば、子育て中の母親同士がネット上にグループ掲示板を作って交流する。最初はみんなで盛り上がり、互いにアドバイスしあったりして「いい関係」ができるのだが、途中から雲行きが怪しくなってしまう。

彼女たちの話題は、どうしたって子どものことが中心だ。子どもが何を食べた、何時に起きた、こんなことができるようになった、今日はいい子にしていた、そんなふうに日々の様子が報告される。

発信する母親は他意などないのだが、受け取るほうはそう単純にはいかない。我が子より早いか遅いか、よくできているかできていないか、つい比較してしまうのだ。

五歳の男児を育てる神奈川県在住の母親は、グループ内での「張り合い」経験を苦い顔で話す。

「以前、息子の食が細くて悩んでいたんです。ほかのママたちは、こんなふうに食べさせるといいよとか、お勧めのメニューとか、アドバイスをしてくれる。それ自体はありがたいんだけど、どうしても自分の子どもの話がセットになるんですよ。うちの子はカレー味にしてあげるともりもり食べます、みたいな。悪気はないかもしれないけど、私にしたらなんだか自慢話されてる気になる。ママ同士、表向きは仲良しっぽく振る舞うけど、心の奥では張り合っているし、結構ギスギスしちゃうんですよね」

せいぜい近所の子どもや同級生との「差」が気になるといった時代と違い、ネット社会では多数の人との比較が簡単に示される。これが自分の問題だったら自身でがんばればいいかもしれないが、「子ども同士」の比較となれば、親の焦りは何倍にもふくらむ。おまけに、ネット上ではほかの子どもの写真や動画が次々アップされる。これらはたいてい元気な顔やがんばっている様子、かわいい仕草だ。いわば、いいところだけをつまみ食いして載せられるのだが、見ている側は「成功例」を突きつけられたような気になってしまう。

みんなができることをなぜ我が子はできないのか、他の家ではうまくいっているのにうちでは失敗つづき、そんなふうに追い詰められ、焦りの矛先は子どもに向かっていく。

先の母親は、毎日のようにこんな言葉を口にしていたという。

「早くやりなさい、なんでできないの、みんなはがんばってるよ、おまえはママを困らせてばかり……。もう自分で自分が情けないくらいに、イライラを子どもにぶつけちゃう。それに加えて、子どもに任せておけないんですね。なんでも自分が手出しして、とにかくうまくいくようにと先走っちゃう。頭では子どものありのままを受け止めなくちゃと思っても、気づくと仕切ってばかりでした」

早く、早くと子どもをけしかける親の姿は今にはじまったことではないが、高速化、効率化が求められる社会では一層激しさを増す。彼女は焦りのあまり、一時期、子どもの「行動チェックリスト」を作っていたという。

寝起きはスムーズだったか、身支度はちゃんとできたか、食事は残さず食べたか、はきはきと話したか、まるで通知表のように○や×を書き込むのだ。

「他人から評価してもらいたいのと同じかそれ以上、自分が子どもをせっせと評価していた。でも、その渦中にいるときって自分のやってることが客観的に見えないんです」

いい親といい子の相関関係

親として、我が子をよりよく育てたいのは自然な感情だろう。だが、それが高じると、絶えず子どもの一挙一動に気を配り、次々と指示を出し、なんとか我が子の評価を上げたいと懸命になりすぎる。

子どもにすれば、親がいつも自分に注目し、行動をコントロールし、評価を下すという空気を感じ取る。「親の顔色をうかがう」という表現があるが、まさに親の要求にうまく応えられるような行動形式を身につけていく。親のほうはむろんよかれと思って懸命なのだが、その善意がかえって子どもから生きる力を奪いかねない。

昨今、「親の呪縛」から逃れられないと苦しむおとな、それも三十代とか四十代の人たちの悩みが話題になるが、今の子どもたちはそもそも呪縛を呪縛とも感じられないのではないだろうか。

最近の子どもの特徴として、反抗期がないとか、友達より母親と過ごしたがるとか、成人しても親の言うままに行動するなどと言われる。従順ないい子、という面ばかりを求められつづけて、子どもたちは疑いや反抗を持たなくなってしまう。

おまけに、親のほうも子どもに従順なのだ。子どもを仕切る一方で、常に気を配り、細々と世話を焼きたがる。ガミガミと口うるさい反面、結局は折れてしまい、気づけばせっせと子どもの機嫌を取っていたりする。

子どもたちが失敗を恐れることと同様に、親たちもまた子どもから「嫌われたくない」思いが強い。親として子どもに否定されたくないし、頼られていたいし、いつも愛されていたいのだ。

子どもをコントロールする親がいる反面、無意識のうちに子どもからコントロールされる親もまた多い。我が子のためと懸命になりすぎ、なんでもものわかりよくなって、気づけば子どもの言いなりというケースだ。

実際、取材先ではこういう親子が決して少なくない。たとえば子どもが「喉、乾いた」と言うと、親がすぐさま立ち上がって冷蔵庫を開け、「ジュース？　麦茶？　それとも牛乳？　ママはジュースがいいと思うけど」などと言う。一見、選択肢を与えているようで、実のところ「ジュースを飲みなさい」という押しつけが垣間見える。

ここで子どもが「牛乳」と答えたとする。母親が子どもの前に牛乳入りのコップを置くと、今度は「やっぱ、ジュースがいい」と気が変わる。そこで母親は、「そうだよ、ジュースのほうがいいわよ」などと言いながら、嬉々として再び冷蔵庫を開け、新しいコップにジュースを注いで持ってくる。

母親にすれば、自分の言うとおりにジュースを選んだ、やっぱりいい子ね、と満足を得るだろう。だが別の面から見れば、子どもの言うまま冷蔵庫に行ったり来たり、従順に尽くしている。

子どもの側からしたら、自分の要求に応じてくれる親が「いい親」になる。「やって」と言わなくてもやってくれたり、「ほしい」と頼まなくても買ってくれる親のほうが結局は楽だ。

一方の親は、「うちの子、わがままで困っちゃう」などと言いながらも、そういう子どもを許せたり、受け止めたりできる自分がどこかうれしい。コントロールしつつ、コントロールされるという親子関係に甘んじてしまう。

自分を「いい親」だと思われたい、いつも子どもから愛されていたい親たちのほうも、従順であることに疑いを持たないのではないだろうか。

ネガティブな気持ちの持って行き場

失敗が怖い子どもと、嫌われたくない親。双方とも避けてしまいがちなのがネガティブな気持ちだ。

親がつい子どもにネガティブな言葉を刷り込んでいくと前述したが、それは裏を返せば悪い状況に直面するのが怖いからだろう。

「失敗したら大変なことになるよ」とか、「間違えるくらいなら最初からやらなければいいのに」などと言ってしまうのは、失敗することに耐えられないからだ。

もちろん、誰しも失敗は怖い。それでも子どもは失敗するし、間違えるし、途中で飽きたり、言うことが変わったりする。そんなとき親は、「なぜ失敗したのか」、「どうして言うことを変えるのか」と理詰めで子どもに迫ったりする。

理由を聞きたい、原因を突き止めたい親の気持ちはもっともだが、子どものほうはそう明確に答えられるものでもない。なんとなくできないとか、よくわかんないとか、はっきりしないことが少なくない。

以前、不登校を経験した十代の少女を取材した。小学生のときから成績優秀だったというが、中学一年生の後半から教室にいるのが苦痛になり、二年生のときには完全に不登校、三年生の二学期から少しずつ保健室登校をはじめた。学校に行けなかった時期、彼女は「何十回も理由を聞かれた」と嘆息した。

「なぜ登校できないの？　何があったの？　あんなにがんばってたのにどうしちゃったの？　みたいな感じで質問攻め。親が心配するのはしょうがないと思うけど、私はうまく答えられなかった。そりゃあ自分の中ではいろいろ思ってることありましたよ。でも、それをどう説明すればわかってもらえるのか、そこが見えなかった」

不登校になる前、彼女は女の子同士の人間関係に悩んでいた。自分のいないところで悪口を言われたり、逆に誰かがいないところでその子の悪口を言うようけしかけられたりする。いつも一緒に行動しなくてはいけないプレッシャーや、女の子特有の高度なコミュニケーションに疲れも感じていた。

となると、不登校の原因は「友達関係の悩み」のように思えるが、内心はそう単純ではなかったという。

「グループのことで悩んでいたのはそのとおりなんだけど、だんだん自分に自信がなくなっちゃったんです。みんなと合わせられないのは自分が暗いせいだろうか、だから友達からも嫌われちゃうんじゃないか、そう思うようになって学校行くのが怖かった。ダメな自分にイライラしたし、うまくやってる女の子たちにムカついたし、死んだら楽になれるかなとか考えたこともあった。とにかく何を考えてもネガティブになっちゃって、自分を責める気持ちがひどくなりました」

当初は女の子同士の関係に悩んでいたのだが、次第に「自分が暗いから嫌われる」という自責の念を持つようになった。とはいえ、そんな気持ちをどう表現すればいいのかわからない。それでも、母親からの「質問攻め」に、あるとき自分の感じていることを少しだけ打ち明けてみた。

「ちょっとだけ本音を言ってみたけど、思いっきり否定された。なんでそんなこと言うの？　そんなふうに感じるのはおかしいとかって。あのときは、頭がクラッとしましたよ。あー、私、言っちゃいけないことを言っちゃった。自分の本音なんて、うっかり話しちゃダメだったんだって」

彼女は母親の全否定に失望したというが、母親のほうからしたら仕方ない面もあるだろう。我が子への心配や不安を感じるほど、嫌な面、暗い部分を直視するのは怖いものだ。だが、子どものほうからすれば、やっとの思いで本音を伝えたのに、それをしっかりと受け止めてもらえなかったという不全感だけが残る。

自分の中にくすぶるネガティブな気持ちはそのまま、なんら解消されない。むしろ、「言っちゃいけないことを言っちゃった」自分に落ち込み、ますます本音や感情を抑え込んでしまう。

「正しさ」を求められる子どもたち

「自分の感情を抑え込んでいる人ほど、素直に感情を表現する人に冷たい」と聞いたことがあるが、これを「親子」に当てはめるとなんだか腑に落ちる。

いい親であろうとして、怒りやイライラを抑えようとする人ほど、自分の子どものなまなましい感情や言動が受け入れられないのではないだろうか。

自分がそうであるように、子どもに対しても、「怒ってはダメ」、「落ち込むなんてよくない」、「いつも明るくしていよう」、「危ない真似はしないで」などと、「正しい気持ちや行動」ばかりを求めはしないだろうか。

子どもの側にすれば、そうそう言われたとおりにできるはずはないのだが、「失敗する自分」や「間違える自分」が認めてもらえないことも敏感に気づいている。だったら最初からやらない、深く考えるなんてやめておこう、そんなふうに自発性を失っても仕方ない。

名札の廃止や防犯カメラなど、危険な目に遭わないためのさまざまな安全対策が施されていることを前述したが、もはや生活面だけでなく心の在り様にも制限が強まりつつあるのではないか。

落ち込んだり、あきらめたり、誰かに嫉妬したり、そういうネガティブな気持ちの持って行き場が、子どもたちの身近にあるのだろうか。

本来、「生きる力」とは、いいことも悪いことも含めて自分の可能性を探す力だと思う。正しいこと、安全な場所、失敗のない方法だけを選ぶのではなく、たとえ失敗して落ち込んでもこう乗り越えた、あるいはうまくできなかったけれどなんとかなった、そんな実感が人を強くしていくはずだ。

だが、少なくとも私が会ってきた子どもたちは、「早く」、「正しく」、「効率よく」、そんなおとなの期待や要求に振り回されているようだった。

失敗や間違いだけでなく、素直な感情さえも「無駄」とか、「暗い」と切り捨てる傾向が強まっているようにも感じられる。

やがて本音を封印し、先走って空気を読み、周囲の期待に応えることに懸命になる。しかも、こうした「封印」は、当人だけにとどまらない。

「自分の感情を抑え込んでいる人ほど、素直に感情を表現する人に冷たい」、そしてそれを親子に当てはめると腑に落ちると書いたが、実は子ども同士の関係にも通じるように思う。

傷ついたり、暗かったりする本来の自分を封じている子どもは、自分の周囲が落ち込んだりするのが耐えられない。仮に同じグループの友達が暗い様子だったりすると、「コイツ、暗い」と嫌な気持ちになったり、「空気読めよ」とイライラしたり、自分まで落ち込んでしまいそうで距離を置きたくなる。

ノリに任せた「速攻型のコミュニケーション」を重視する彼らは、相手の感情に気を配るのが苦手だし、そもそも素直な感情をぶつける関係など持ちたくない。結局、自分の本音は出せず、相手の本音も受け取れないまま、「見て見ぬふり」のような空気がつづいていく。

環境も、感情も、こんなふうに制限される。公園でのボール遊びが禁止されるのと似て、素直な感情をさらけ出すヤツは「迷惑」、そう関係が遮断されているような気がする。あらたな現実を踏まえて、子どもたちはいったいどんな「生きる力」を身につけられるのだろうか。

次章では、おとなから子どもに与えたい力、そして子どもがおとなから受け取りたい力について考えてみたい。

第4章

心の強い子どもを育てる

子どもの力を引き出す言葉

トリノオリンピックで金メダルを獲ったフィギュアスケーターの荒川静香さんがテレビのインタビューを受けた際、非常に印象的な話をしていた。はじめてスケートリンクに行った五歳のとき、楽しそうにスケートをする年上の女の子がいた。彼女は同行していた母親に、こう尋ねたという。

「あのお姉さん、なんか楽しそうだね。スケートっておもしろいの？」

ふつうならここで、母親が「おもしろいと思うよ」とか、「あなたも習ってみる？」などと答えるだろう。もしも私がその場にいたら、間違いなくそんなふうに言ってしまう。

ところが、彼女の母親はこう返した。

「さぁ？　お母さんにはわからない。おもしろいかどうか知りたかったら、自分でお姉さんに聞いてごらん」

当時の荒川さんは内気な女の子だった。「自分でお姉さんに聞いてごらん」と言われても、もじもじしていたという。

しばらくためらったあとに、思いきってリンクにいたお姉さんに話かけてみた。すると、「とても楽しいよ」、「一緒にやらない？」と誘われた。そこで彼女は母親に、「楽しいんだって。私もやってみたい」とスケート教室への入会を頼んだそうだ。

このエピソードを聞いたとき、私は思わず唸った。さすがに金メダリストを育てる母親は違う、と感心したが、一方でこのシンプルな方法が意外にむずかしいとも感じた。

まず、子どもの質問に「わからない」と言えるかどうか、これは親にとって想定外だったりする。親はどうしても子どもより上に立つ意識が強い。自分のほうが知力、体力、人生経験、あらゆることが勝っている。子どもに何か尋ねられたらすぐに答えを教えてやりたいし、またそれが当然のような気になっている。

仮に答えがわからなくても、素直に「わからない」とは言いにくい。「たぶんこうだと思うよ」とか、「ママがあとで調べてあげる」などと、つい親の力を示しがちだ。

実際、取材先の母親たちにこのエピードを話すと一様に苦笑して、「たとえわからないことでも、わかってるように解説しちゃう」とか、「もし自分にはわからないことを子どもが聞いてきたら、あんた、なんでそんなこと聞くの、って怒っちゃうかも」などと言う。

さらに、「自分でお姉さんに聞いてごらん」と子どもの背中を押せるかどうか、これもハードルが高いだろう。そう言ったところで、子どもが動かなければ話はそこで終わってしまう。あるいは、子どもが話を聞きに行けたとしても、お姉さんが「スケートはすごく大変だよ」などと答えれば、やはりその先の可能性は低くなる。要は、あえなく失敗という結果になりかねない。

親として、子どものやる気を引き出し、可能性を広げてやりたいのは当然の気持ちだ。だからこそせっせと楽しさを語ったり、「これをやるとこんないいことがある」などとついメリットを強調する。

子どもをいい方向に導きたくてうずうずしている自分を抑え、あえて「他者に委ねる」ことは実は相当むずかしい。親の力を出さず、子ども自身の力で進めさせるというのは、結構勇気が必要なことだ。

それでも、結果はどうあれ子どもが主体となって行動すれば、少なくとも「自分で考えた」とか、「自分が納得した」という経験は得られる。荒川さんのケースで言えば、スケートがおもしろいかどうか自分でお姉さんに聞いた、そしておもしろそうだと実感できたからこそ、自信を持って「やってみたい」と言えたのだろう。

今、子育ての現場では「与える」ことが当然視されている。栄養価の高い食事、知育玩具、おしゃれな服、速く走れるスニーカー、習い事、家庭教材、進学塾、海外旅行、快適な個室、パソコン、スマホ、さまざまなモノや機会を与える親がいい親として評価されている。もちろんその中には、子どもの質問や疑問に「答えを与える」というのも入っている。

そういう中で、「与えない」、「子どもの要求に応えない」という選択は本当にむずかしい。そもそも親にしてみれば、子どものためになんでもやってあげたいという思いが強烈なのだ。なまじ「できる親」ほどこの傾向は強く、つい自分の力を誇示し、子どもが親の手助けでうまくできたことに満足感を覚えてしまう。

それをあえて「お母さんにはわからない」とか、「お父さんにはできない」、「今は買えないよ」などと言ってみたとき、子どもはどう反応するだろうか。ここで試されるのは、子どもよりむしろ親のほうだろう。

「内気だった」という五歳のころの荒川さんのエピソードは、親がどう子どもの力を引き出すか、示唆に富むものだと思うのだ。

雨に濡れた子どもへの二つの反応

子どもたちは幼いころからモノに囲まれ、便利で快適な環境にいる。与えられるのが当然と感じている彼らに、ある日突然「自分でやりなさい」と言ってみてもそうスムーズに動き出せるものではない。

また親のほうでも、子どもに「与えない」というのはなんとも忍びない。今までやってあげたことをやらなければ子どもがかわいそうだし、かわいそうな思いをさせる自分はダメな親だと罪悪感さえ持ってしまう。

ここで、私が取材で経験した二つのエピソードを紹介したい。どちらも突然の豪雨で下校中の子どもがずぶ濡れになったというものだ。

小学四年生の男の子を持つ母親の自宅で、家庭教育についての話を聞いていた。彼女が出してくれたコーヒーやクッキーを前に和やかに話をしていたら、急に雲行きが怪しくなり、大粒の雨が降ってきた。

思わぬ天気の急変に、彼女は椅子から立ち上がると「ごめんなさい、ちょっと子どもを迎えに行ってくる」と言い、車のキーをつかんで部屋を飛び出していった。しばらくすると私の携帯が鳴り、「うちの子、まだ帰ってない？」と不安げな声がする。車で迎えに行ったのはいいが、どうやらすれ違ってしまったらしい。

十五分ほどして彼女が帰宅した直後、当の子どもが帰ってきた。全身ずぶ濡れだが、やっと家にたどり着いたと言いたげなホッとした表情も見える。そんな息子に駆け寄った母親は、「こんなに濡れて……。かわいそうに」とおろおろしながら濡れた体をタオルで拭う。

「すぐにお風呂わかすからね。早くあったまって」、「ママがもっと早く迎えに行けばよかったのに。ごめんね」などと言っては細々と世話を焼くのだ。

さらに、「ママが傘を持たせるのを忘れちゃった。本当にごめんね。もっと気をつけてればよかったのに」と済まなそうな顔をする。

彼女の心の中は、「傘を持たせず、迎えにも行ってやれず、子どもをずぶ濡れにさせた」という思いでいっぱいのようだった。何度も「ごめんね」、「かわいそうだったね」と繰り返し、息子にしがみつくようにして詫びている。

当初はいかにもホッとした表情を見せていた子どもは、だんだん沈んだ顔になった。ずぶ濡れになったことを「かわいそう」と言われつづけ、母親から謝られるうちに、自分のほうがいたたまれないといった感じだ。

私には母親がおろおろする気持ちがよくわかる。だが、子どもの立場になれば、もっと違う言葉をかけてほしい、そんな気持ちを持っているかもしれない。少なくとも、そのときの男の子の沈んだ顔は、「かわいそう」と言われることを決して喜んではいないように見えたのだ。

もうひとつのエピソードは、小学二年生の男の子を持つ母親のものだ。同じく自宅で話を聞いているとき、突然の豪雨がやってきた。彼女はホームページ制作を請け負う在宅ワーカーで、当日は女性誌の取材のためカメラマンも同行していた。

叩きつけるような激しい雨に不安げな顔をしながら、私とカメラマンの手前もあってか、彼女はそのまま話をつづける。十分ほどして子どもが帰宅したが、全身ずぶ濡れでくちびるを震わせている。寒さのせいか、それとも母親の顔を見た安心感からか、その顔は半泣きだ。

彼女はタオルを手に駆け寄ると、しっかりした声でこう言った。

「お帰り。こんな大雨の中、ひとりでよく帰ってきたね。がんばった。偉いよ」

そうして子どもの手を握るとボクシングチャンピオンのように高く掲げ、「偉いー、すごいー。さぁ着替えて、あったかい飲み物を飲もうね」と明るく笑った。

私もカメラマンもなんだかジーンとしたが、誰よりうれしいのは子ども本人だったろう。豪雨の中、懸命に心細さと闘ってたどり着いた家で、母親から明るくほめられたのだ。

子どもはすっかり得意げで、濡れた服を脱ぎながら楽しそうにおしゃべりする。

「雷がピカーッてものすごく光ったから、怖くてさぁ。そしたらね、僕の前を走ってた人がコンビニに入ったの。だから僕も後についてコンビニに入ったんだ」、「道が川みたいになっちゃった。車が通ると、水がザーッと流れてきた」などと、道中の様子を冒険談のように話す。

母親だけでなく、私やカメラマンも「それで？　そのあとどうしたの？」とか、「雨の中を走るときって、ほんと必死になるよね」と子どもを中心にひとしきりおしゃべりした。

しばらくして取材続行となり、着替えた子どもはさっぱりした顔で自分の部屋に行ったが、そこで母親がクスッと笑った。

「あの子のランドセルに、折り畳みの傘を入れてあったんだけどね。使うの、忘れちゃったのかしら。まぁいいや、ちゃんと自分で帰って来たんだし。あの子にもいい経験になったけど、私にもいい経験になった。この先、大雨が降ったとき、傘があろうがなかろうが、なんとか自分で帰ってくるだろうって信じて待っていられるもの」

彼女の言葉に、私はなんとも深いものを感じた。

子どもが自分の力で成し遂げた、という経験は、子どもだけでなく親にも貴重なのだ。自分がやってあげられずかわいそう、ではなく、自分ができなくても子どもはやれる、そう思えれば自然に誇らしくなるだろう。その思いが、「がんばった、偉いよ」という言葉で子どもに伝わるし、がんばりを認めてもらえた子どもにすれば自分だけでなく、そんなふうにほめてくれる母親だって誇らしいに違いない。

「ずぶ濡れになった」という経験を、かわいそうなこととするか、それともがんばったことにするか、親の在り方が問われる。親として子どもを案じる気持ちは同じでも、「どんな親の姿を見せるか」、それが子どもの心の豊かさ、強さにつながっていくのではないだろうか。

親のコミュ力

第1章で子どもたちのコミュ力について書いた。その場の空気を読み、浮かないように気を配りながら、周囲のノリに合わせる。速攻型のコミュニケーションが求められ、器用に「キャラ」を使い分けることが重視される反面、じっくりと相手に向き合うような関係性は敬遠される。

本音や深さを避けがちなコミュ力は今の子ども社会の特徴のひとつだが、そもそも彼らはどこからこんなコミュニケーションを学ぶのか。インターネットの普及やSNSの拡大なども影響しているだろうが、親との間に交わされるコミュニケーションも素地になっているように思う。

数多くの子育て現場を取材し、また私自身の子育てを振り返っても、親子のコミュニケーションは一方的かつ確認作業になりやすい。親は子どもと「会話」をしているようでいて、その内容は、行動、時間、結果の確認に終始しがちなのだ。

行動は、早く食べちゃいなさい、宿題は終わった？　寝坊しちゃダメでしょ、明日はどこに行くの？　などというもの。

時間は、何時に出かけるの？　何時までにやりなさい、今何時だと思ってるの、など。

そして結果は、何点だったの？　なんでできないの？　次はいい結果を出して、などだ。

もちろん家族として生活する上で、行動や時間を確認するのはあたりまえという部分もある。テストの点数や部活動の試合の勝敗など、結果が気になるのも自然な親心だろう。

だが、こうした確認作業の中で、つい忘れがちになるものがある。それは、互いの気持ちの確認だ。

たとえば、子どもが学校から学力テストの結果を持ち帰ったとする。たいていの場合、親は結果が気になるから、真っ先に「何点だった？」と聞いてしまう。そこで子どもが「八十点」と言ったとすると、その点数、つまり結果に対して「よくできたね」とか、「もうちょっとがんばればいいのに」などと返す。そしてそのあとは、「次もがんばりなさい」とか、「まぁまぁよかったんじゃない」とか、期待や励まし、ときには叱責で会話が終わる。

こうした会話自体が悪いわけではないのだが、ここには親子双方の「気持ち」は入っていない。子どもの側にしたら、八十点取ってうれしかったのか、それともくやしかったのか、何も語れていないのだ。

彼らに気持ちがないかと言えば、むろんそんなことはない。むしろ、気持ちを聞いてほしくて、話したくてたまらない。ところが、気持ちを聞かれたり、何を感じたのかを話したり、そういうコミュニケーションが家庭の中には乏しい。日本人はもともと感情表現が苦手と言われるが、そうであればなおのこと、互いの気持ちを意識的に表現するのが大切ではないだろうか。

数年前に取材した男子中学生が、こんな体験談を話してくれた。勉強が苦手で、成績はいつも下位。中学生になって焦りはじめた彼は、近所の補習塾に通うことにした。入塾した直後はどんなテストも「悲惨な結果」だったというが、塾の先生の熱心な指導で少しずつ点数が上がってきた。

「それまで予習復習とかまじめにやったことなかったけど、その先生、乗せるのがうまくてこっちも調子づいちゃった。自分的には結構マジで勉強するようになったんですよ。けど、全国共通実力テストとかは超低い順位。厳しい現実を思いっきり見せつけられて、落ち込みましたね」

母親にテスト結果を伝えると、「ふーん」と冷めた口調で言われ、つづいて「もっとがんばらなくちゃダメでしょ。このままだったらろくな高校に入れないよ」と叱責された。

彼に言わせると「これはいつものこと」だそうだが、そのときはムキになってこう母親に返したという。

「ふーん、じゃなくてさ。お母さんはどうして俺の気持ちを聞こうとしねぇんだよ！」

実は母親との会話の前、彼は塾の先生とテスト結果について話をしていた。「超低い順位」という結果を前にして、塾の先生はこう切り出したという。

「今回はあまりいい成績が取れなかったね。きみは、この結果を見てどんな気持ち？」

彼は一瞬、えっ？　と戸惑いながらも、自分の胸に手を当てて考え、先生とこんな会話を交わした。

「くやしいです」

「くやしい？　それはなぜ？」

「今回、俺としては生まれてはじめてっていうくらいマジで勉強したんですよ。なのに、こんな結果じゃ……。あんなにがんばったのにダメだったかと思うと、やっぱくやしいです」

「なるほど、くやしいか。でも先生はうれしいな」

「うれしい？　なんで？」

「今、言ってくれただろう。生まれてはじめてというくらいマジで勉強したんだって。そうか、そんなにがんばってくれたんだなと思うと、先生はすごくうれしいよ」

うれしいという言葉に涙が出そうになった、そう彼は照れた顔で私に打ち明けてくれた。そして、同じような会話を、できれば母親とも交わしたかったたと。だが現実にはうまくいかず、「どうして俺の気持ちを聞こうとしねぇんだ！」という言葉に対し、母親は「あんた、何キレてんの？」と鼻で笑われたそうだ。

むろん、塾の先生は「その道のプロ」だから、子どものやる気をうまく引き出す術に長けていただろう。一方の母親はつい馴れ合いのように、いちいち子どもの気持ちなど確認しなくてもわかっている、そんな思いがあったかもしれない。

それでも、「くやしい」、「うれしい」という気持ちのコミュニケーションができたなら、親子の関係はより豊かになったに違いない。親は子どもに対しどれほどのコミュ力を持っているか、その実態は案外寂しいものではないだろうか。

「気持ちを言えないとき」の気持ち

子どもたちが「自分の気持ちを聞いてほしい」、あるいは「親と気持ちの交流をしたい」と思っているのは事実だが、だからといって毎度「今の気持ちは？」と確認されれば辟易とするだろう。

そもそも自分の気持ちや感情はつかみにくいし、ましてやそれを口にするのはむずかしい。前章でも書いたが、特に「ネガティブな気持ち」は直視しにくいし、できればフタをしたり、見て見ぬふりをしたいものだ。

だが実際には、子どもたちはたくさんのネガティブな気持ちを抱えている。自分へのコンプレックス、周囲の友達への嫉妬、現状への嫌悪感など、結構なドロドロを内に秘める場合も少なくない。

そういう気持ちを素直に出せる場や関係性が大切なのは言うまでもないが、ときにはあえてフタをしておく、そんなことも大切かもしれない。

三年前に取材した中学三年生の優香さんは、母親と弟の三人暮らしだった。両親は優香さんが五歳のときに離婚し、以来、母親がパートを掛け持ちして彼女と弟を育ててくれたという。

忙しい母親に代わって家事をこなしながら、勉強や部活動にがんばっていた優香さんだが、心の中にはネガティブな気持ちを抱えていた。当時、私に送ってくれたメールにはこんなふうに書かれている。

〈両親がいて、ふつうの生活ができる子たちが、親の悪口を言ったり、不満ばっかり言ってるのを見るとほんとムカつく。私より頭の悪い子が、（学費の）高い私立とか受けることになってて、留学するとかいう話で浮かれてるのを見ると、顔で笑っても心の中はめっちゃドロドロする。でも、こんな気持ちは誰にも言えない。みんなは私のことを、がんばってる優香ちゃんだと信じてるから。私は、ほんとは、もうがんばりたくない。まともになんかやってられない、全部ぶち壊したいって思う〉

高校受験を控えた微妙な時期だったこともあるが、「家庭の経済状況」という現実に直面し、彼女の心はひどく揺れていた。公立の進学校に入学できる成績を修めていたが、その高校は自宅から距離があり、通学時間がかかる上、定期代もかさむ。

担任教師と母親とを交えた三者面談で志望校を尋ねられた優香さんは、家から自転車で通える中堅校の名前を口にした。むろん、家計への負担や自分に任されていた家事を気にしてのことだ。彼女の内心に薄々気づいていた担任と母親は、そろってこう聞いたという。

「本当にその高校でいいの？　正直な気持ちを言ってごらん」

それでも彼女は、自分の本当の気持ちを言わなかった。そのときの心境をこんなふうにメールに書いていた。

〈気づいたら、全部ぶちまけたい気持ちを必死にこらえていた。なんでか、自分でもよくわからないけど、これを言わなくても、お母さんや先生はたぶん私の気持ちをわかってる、わかってくれているならもういいや、って感じだった。そうか、私はほんとの気持ちを言いたいというより、わかってほしいと思っていたんだな。たぶんわかってもらえてるなら、それでいいんだな、と思えた。うまく書けないけど、ほんとの気持ちを言えないときの気持ちをわかってもらえれば、それで救われるっていう気がする〉

このメールにあった「ほんとの気持ちを言えないときの気持ち」という言葉に、私はハッとした。子どもなりのプライド、親を心配させたくないという優しさから、あえて本当の気持ちにフタをする。気持ちや本音を口にしないからといって必ずしも理解しあえないわけではなく、「気持ちを言えないときの気持ち」にそっと寄り添うことが大切なのだろう。

結局、優香さんは自転車で通える中堅校に入学し、家計を助けるためのアルバイトをつづけながら好成績を維持した。高校三年生になって、公務員養成の勉強ができる専門学校への推薦入学が決まった。高校の成績が優秀だったため、専門学校の特待生として入学金が免除される上、奨学金も得られるという。

久しぶりに届いたメールに、優香さんの明るい言葉が並んでいた。

〈あのとき、ほんとの気持ちをぶちまけてたら、自分で自分をぶち壊していたかもしれない。小さいころから苦労ばっかしてたから、今でも他人や世の中に対してドロドロする思いはあるけど、うまくフタをして生きるのも大事だろうなと思う。自分がみじめとか思うんじゃなくて、自分はこんな状況でも結構強く生きてるぞ、そう思えたほうが楽しいですよね〉

子どもは、ときにおとなよりずっと深い思いと強さを持っている。優香さんのようなケースに接すると、つくづくそう思うのだ。

空気を変えた父親

もっとも、誰しもがこうした強さを持っているわけではない。不安や焦りに思い悩んでいる子どもは少なくないし、親のほうでもなんとか子どもの思いを把握しておきたい気持ちが強い。特に、子どもがなんらかのトラブルを抱えた場合には、親はその状況や理由を知りたいと思いがちだ。そうして知らず知らずのうちに、子どもを「問い詰める」ことになってしまう。

和真君は小学四年生のときから進学塾に通い、大学までエスカレーター式の私立中学に入学した。ところが希望に胸をふくらませて入った中学で間もなく挫折を味わう。思うように友達が作れなかったのだ。

彼が育ったのはごくふつうのサラリーマン家庭だが、学校にはエリート層の生徒が多かった。同級生は幼いころからさまざまな習い事をしたり、家庭教師に勉強を習っていたりする。

ちょうど思春期で、周囲の子どもとの差が気になる時期だ。当初は「気にしないようにしよう」と平静を装っていたが、次第に教室の空気が苦痛になった。当時を振り返って、彼は苦い顔をする。

「中学への期待が大きかったぶん、うまくいかない現実に悩みましたよ。成績も下がっちゃうし、まわりのヤツらとの話もうまく嚙み合わなくて……」

成績が下降気味になることは、特に苦痛だった。通っていた中学では教師の指導も厳しく、成績によってランク分けがある。定期テストで思うような点数が取れず、下位グループに落ちたことを機に、彼は「別の学校に転校したい」という気持ちを抑えられなくなった。

「エスカレーター式の私立に入ったからといって、全員がずっと順調ってわけじゃないんですよ。クラスの中で三、四人は途中で転校したり、不登校になっちゃう場合もあるしね。僕のクラスでも、入学して半年後には二人が不登校、一人が公立に転校しちゃって。そういうのを見てたから、なおさら気持ちが折れやすくなっていたんです」

落ち込む彼の様子に、母親は敏感に反応した。「がんばりなさい」、「あなたはできる」、

「負けちゃダメよ」などと毎日のように叱咤激励された。それでも、あれこれと声をかけられるほどかえって気持ちが沈み、イライラも募る。二学期が終わろうとするころ、和真君はついに爆発してしまい、母親と大ゲンカになった。

「もう学校をやめたい、公立に転校したいと思うって言ったんですよ。母は見たこともないほど怖い顔をして、なんでそんなこと言うの、いったい何を考えてるの、ってギャーギャーわめく。そりゃ、お母さんの気持ちとしてはすごくショックだったと思うけど、何考えてるかちゃんと説明しろと言われても、こっちはうまく説明できない。僕のほうもパニくって、怒鳴り返しちゃったりしました」

二人がにらみ合っているところに、父親が帰宅した。母親はすぐさま父親に事情を説明し、「和真を説得して」と切迫した声を上げた。和真君はてっきり父親からもガンガン説教されると身構えたが、その口から出た言葉はまったく予想外だった。

「メシは食ったのか?」、そう父親は言ったのだ。

和真君は耳を疑ったという。緊迫した空気の中で、よりによって「メシ」とはどういうことかと仰天した。母親のほうはさらに驚いた様子で、「何言ってるの。今、ご飯どころの話じゃないでしょ! 和真が大変なことになっているのに、真剣に考えて!」と絶叫したという。

ところが、父親は落ち着き払った態度で再び口を開いた。「大変なときだからこそ、まずメシを食おう。人間、腹が減ってるとろくなことを考えない。しっかりメシを食ってから、またゆっくり話し合えばいいんだ」と。

和真君はそのときの心境をこう話す。

「いやマジでビックリしたというか、お父さんすごいって心から思いましたよ。正直、それまではお父さんのことを頼れる人とは思っていなかった。ふつうのサラリーマンだし、僕の受験にも熱心じゃなかったしね。それが、あのひとことで空気をガラッと変えちゃった。なんていうか、肩にガチガチ力が入ってたんだけど、スーッと軽くなったような。それで、とにかくご飯を食べてからまた話し合おうとなったんです」

ありあわせのもので夕食をとることになった。母親が台所に立つと、父親が「一緒に作ろう」と言い、和真君も手伝って簡単な食事ができあがった。三人で食卓を囲むころには、なんだか和やかな雰囲気になり、あんなに切迫していた母親の表情もゆるんで見えたという。

お腹がいっぱいになったところで、和真君は自分の悩みを口にした。友達との関係がうまくいかないことや成績が下がっていくこと、自信がなくなりコンプレックスばかり気になると心の内を明かした。

両親はお茶を飲みながら、うんうんとうなずいて聞いている。なんとも穏やかな態度に、和真君は自分の悩みがたいしたことのないような気になっていった。

「今考えても不思議なんですけど、なんか俺、つまんないことで悩んでたなぁって気持ちになってたんです。エリートの家の子に対して嫉妬があったり、どんな成績かでシビアに見られるのがたまらなくイヤだったんだけど、それで転校したからってなんか解決するのか？　って冷静になれたというか。お父さんが言ってたように、人間、腹が減ってるところくなこと考えない、あれは本当かもしれない。まずメシを食おう、そう言ってくれたお父さんに感謝したい」

彼はそのまま私立中学に通いつづけ、系列の高校に進学した。一時は下降気味だった成績も少しずつ伸び、同級生との差にもこだわらなくなった。学校生活が落ち着いただけでなく、もっと大きな収穫は父親への尊敬の念が持てたことだ。

「ふつうのサラリーマン」と思っていた父親の懐の深さに接して、彼は子どもとして素直にうれしかったという。むろん彼だけでなく、母親もまたうれしかったに違いない。

知らなかった親の姿

和真君のように、子どもたちは思いがけない親の力、気づいていなかった親の大きさをしっかり心に刻んでいる。わざわざ親が力を誇示しなくても、「教えてやろう」とか、「助けてやろう」と意気込まなくても、子ども自身が親の力を「発見」する瞬間があるように思う。

週刊誌の取材で某アイドルのファン向けイベントへ行った際、会場に来ていた四人の女の子と話をする機会があった。四人とも中学三年生で、イベント会場で買ったというTシャツや携帯ストラップを手に車座で盛り上がっている。

最初は好きなアイドルやお気に入りのファッションの話題が中心だったが、私が家族問題をテーマにしていることを知って、それぞれ親との関係を話してくれた。

「お父さんやお母さんのこと、どう思う？」と四人に聞くと、「まぁまぁ好きかな」とか、「ケンカもするけど、基本的にはいい関係」などと答える。ところがその中のひとりが、「うちの親は超ダメダメ」と苦笑した。

「父親は仕事能力ゼロ。母親は家事能力ゼロ。どっちもまともじゃないよ」と言いながらも目が笑っているのを見て、「詳しく聞かせてもらえる？」と頼んでみた。

香奈さんというその女の子は、父親と母親、姉の四人暮らし。父親は自営業だが数年前からあまり仕事がなく、「主夫」をしている。代わりに母親が営業職をして一家の生活を支えているという。

「お父さんってお金も稼がないのに、カヌーやったりキャンプとか大好きなの。そのせいか家で作ってくれるご飯も結構豪快。キュウリなんか、丸ごと一本味噌つけて食べろとか出してきて笑っちゃうよー。お母さんのほうは、仕事はバリバリこなしてるみたいだけど、家事は大嫌い。チマチマしたことが性格に合わないとかって言って、たまに料理するくらいかな。私が小さかったときには、部屋が汚いとかってよく両親がケンカしてた」

香奈さんの口調は明るいが、実のところ「超ダメダメ」という親のことをずっと悩んできたという。父親が仕事に行き、母親が家事をこなす、そんな家庭に憧れたし、自分たち家族と他の家との違いは大きなコンプレックスだった。

特に、小学校高学年のころは両親のことが嫌いでたまらなかったという。女の子同士の会話で、誰かが親の自慢話をしたりすると、「それに比べてうちの親は……」とつい軽蔑した。

いつしか両親とほとんど口をきかなくなり、家ではいつも不機嫌な顔をしていた。そんな彼女が変わったきっかけは、偶然父親と一緒に観たテレビ番組だった。

「かっこいいスーツ着たやり手の社長が出てたんだけど、それ見てお父さんが、昔の同僚だって言ったの。もう超ビビった。お父さんが昔サラリーマンやってたなんて知らなかったし、なにそれ？　って感じ。そっから昔の話をいろいろ聞いて、今まで知らなかったお父さんの姿とか、お母さんとの出会いとか、教えてもらったんです」

面と向かってよくよく話を聞いてみると、たくさんの驚きがあった。父親はかつて有名企業で働き、その後独立、小さな会社を起業したという。結婚したばかりの母親と力を合わせ順調に業績を伸ばしていたが、取引先のトラブルに巻き込まれ、やむなく会社を畳むことになった。その過程で、信頼していた人の裏切りや心ない中傷に苦しんだこともあった、そう香奈さんに打ち明けた。

父親はいつになく神妙な顔で苦しかった時代のことを話したが、最後に香奈さんの心に響く言葉をくれたという。

「失敗が多かったし、後悔も多い。今だって、自分に対していろんな負い目がある。でも、同じくらい、人生はなんとかなるもんだと楽観している、家族で一緒に暮らせるだけで十分幸せだ、そうお父さんが言ったんです。それ聞いて、私、思わず泣いちゃったんですよ」

そのときを思い出してか、彼女の目は赤くなり、うっすらと涙がにじむ。

想像もしていなかった親の姿にふれたこともうれしかったが、もっと印象に残ったのは、「人生はなんとかなるもんだ」という言葉だった。挫折や裏切りを経験し、今の自分に負い目を持ちながらも、楽観的に生きればいいという父親に、香奈さんは「なるほどぉ、って感じだった」と笑う。

「もしすごく立派な父親から言われたら、逆に反発してたと思う。でも、うちのお父さん、話してくれたとおりの人だからね。説得力あるっていうか、そうか、いろいろあっても人生どうにかなるんだなぁとスーッと胸に落ちた。それから、お父さんやお母さんにちょこちょこ昔の失敗話を聞いたりして、知らなかったことがいろいろわかって、そしたら親のことが自然と好きになれたんですよ。あっ、別に尊敬してるって意味じゃないです。そんな立派な親じゃないから。でも、ダメダメなりになんとか生きてきたって意味ではすごいと思う。なので私も、成績とかやばいけど、こうしてアイドルイベントに来ちゃってまーす」

話の途中で少し涙ぐんだとはいえ、香奈さんは終始明るかった。たとえ立派な親でなくとも、「なんとか生きてきた」という強さは、子どもの心に確かに響く。自分の不完全さを素直にさらけ出した父親に、香奈さんはむしろ「親の力」を発見したのではないだろうか。

失敗を語れる親になる

その場にいたほかの女の子たちは、香奈さんの話を聞いて口々に「うらやましい」と言った。少し前、親を指して「まぁまぁ好き」と言っていたのに、どことなく戸惑った顔で、「うちの親はそんな話をしたことないなぁ」とか、「私が生まれる前、どうやって生きてきたんだろう」などと口にする。

「だったら、今日、家に帰ってお父さんとお母さんに昔の話を聞いてみたら？」

そう私が言うと、女の子たちは一斉にうなずく。親のどんな姿を知るのか、その話は後日聞かせてもらうことになり、二週間後の休日、再び彼女たちと会った。

そのうちのひとり、七海さんは明るい顔でスマホの画面を開いた。

「見てくださいよ、うちの母親、超笑えるからぁ」と言って保存した写真を開く。そこには、真っ黒に日焼けしたビキニ姿の若い女の子がピースサインで写っていた。十代だったころの母親で、家にあったアルバム写真をスマホのカメラで撮影したのだという。ほかにも、派手な化粧の顔やモデル気取りでポーズをキメている姿、男の子たちとノリノリでカラオケをやっている写真など次々と見せてくれる。

七海さんの母親の写真を見た女の子たちは、「うわっ、やばー」、「時代感じるよねぇ」などと言いながらとても楽しそうだ。私は七海さんに、「昔のお母さんがどんなふうだったかわかってどうだった？」と聞いてみた。すると、「ホッとした」という言葉が返ってきた。

「うちの母親は看護師で、私が小さかったときからずっと仕事をしてるんです。忙しいけど家のこともしっかりやるし、子どもとしてはなんか勝手にお母さんはデキる人だなって思ってた。親子の仲は悪くなかったけど、私はちょっと引いちゃうというか、やっぱ比べちゃうじゃないですか。自分は勉強も好きじゃないし、看護師とかなれそうもないし、お母さんより全然劣ってるなって感じてたんですよ」

ところが、母親に昔の話を聞くと思わぬ事実がわかった。高校を卒業後、二年ほどアルバイトをしながら国内や海外など各地を旅行、その後一念発起して看護学校を受験したというのだ。看護師を目指したのは、旅先で知り合った男性の勧めで、要は「好きな人ができてその気になった」という理由だった。

七海さんはむろん初耳、想像もしなかった母親の青春時代に驚き、カレシと出会ってたまたま看護師になったというエピソードに、今までとは違う親近感を覚えた。

「なーんだ、お母さんもはじけてる女の子で、結構能天気だったんだぁって安心したんですよ。うちら子どもは、親っていう部分しか見ようとしないからね。親がすごい人だと、どうしても引け目を感じるじゃないですか。でも、お母さんにこっそり昔のカレシの話とか教えてもらって、なんかそのときのお母さんがめっちゃかわいく見えたんですよ」

七海さんの話に、ほかの女の子たちも身を乗り出すようにして笑う。その後、それぞれが親に聞いた昔話や体験談で盛り上がり、楽しいひとときとなった。

七海さんが言ったように、子どもたちは自分の親を親として見ている。また親のほうも、ともすれば親としての自分しか見せない。いつも親らしくいなければならないと構えていたり、ときには「親の力」を見せつけようと無理して虚勢を張ったりもする。

たとえ自分の子ども時代の話をしても、つい自慢話や成功体験を聞かせてしまい、「お父さんはこんなにがんばってきた」とか、「お母さんは一生懸命勉強した」などと言いがちだ。

むろん親がどんなふうに努力したかを伝えることもあっていいが、一方で「素」の自分を見せることも大切だろう。失敗した、間違えた、挫折した、誰かに助けられた、そんな経験を持たないおとなはいない。肝心なのは、それらをどう乗り越えて、どんなふうにやり直してきたかということだ。

女の子たちも言っていたが、親が経験した挫折や若いころの失敗談は、子どもの心にスーッと入るのだと思う。

目の前にいる親からは想像もできないような意外な姿を知ることで、子どもたちは「安心」する。親もかつては自分と同じようにたくさん失敗し、ダメダメなところを抱え、それでもなんとかがんばってきたんだという事実が、子どもの心に響くのだ。

「上から目線」より「子ども目線」

親が子どもに昔話をしたり、過去の経験談を語るのは、子どもだけでなく親本人にも大切だと思う。親になり、日々子育てに追われるうちに意識も行動もすっかり親モード。親としてどうあるべきか、親なんだからこうしなくては、そんなふうにがんじがらめになってしまう。

親という立場で子どもを見ると欠点や弱点が目につくし、もっとがんばってほしいとか、助けてやろうとか、つい「上から目線」になりがちだ。

おまけに、「子どもの気持ちがわからない」という悩みも抱えやすい。やれと言ったのにやらない、やめろと叱ったのにやめない、どうして我が子はこんなに言うことを聞かないのか、なぜ親をイラつかせるのか、子どもに対する「不思議」は多くの親に共通するものだろう。

だが親は、本当に子どもの気持ちがわからないのだろうか。

思い出してほしいのは、親自身もかつては子どもだったということだ。親は最初から親だったわけではなく、もともとは目の前にいる我が子同様、いろんなことができなかったり、すぐに泣いたり、生意気に反抗してくるような子どもだった。

ところが、親モード全開になると自分の子ども時代を置き去りにしがちだ。子どものころにどんな気持ちでいたか、何を感じたか、どういう言葉をもらうとうれしかったか、なかなか振り返る機会がない。

ここで私自身の話を少し書いてみたい。私は子どものころ「変な子」と言われることがよくあった。今でもよく覚えているエピソードのひとつに、「ケーキを食べて泣く」というのがある。

私が子どもだった昭和四十年代は、今のようにケーキが日常の嗜好品ではなく、むしろ貴重なごちそうだった。クリスマスとか、誕生会とか、何かのイベントがないとそうそう口にできない。当然、子どもたちはケーキを前にすると大喜びでぱくつく。

あるとき、親戚が来宅し、おみやげにイチゴのショートケーキをいただいた。早速、母がケーキを出してくれて、親戚の人を交え皆でごちそうになった。私も喜び勇んで食べはじめたが、途中で急に泣いてしまった。

親戚の人も母もビックリして「なんで泣くの？」と聞くが、うまく答えられずにさらにわんわん泣く。母は親戚の手前もあってかバツの悪そうな顔をして、「変な子だねぇ」、「いい加減にしなさい」と私を睨みつけた。

もしも私が母の立場だったら、同じように「変な子だねぇ」と子どもに冷たい視線を向けただろう。だが、そのときの私の気持ちは実のところ複雑で、複雑だからこそ幼い言語能力では伝えきれず、そんなくやしさもあってなおさら泣いてしまったのだ。

親戚の人が持ってきてくれたショートケーキは全部で五個だった。当時、私の家は五人家族だったから同じ数を持ってきてくれたのだろうが、そのうちの一個は親戚の人に出された。となると、家族の誰かがケーキを食べられない。

私は子ども心に、それが母だと直感した。自分がおいしいケーキを食べられることはうれしいが、一方で「母は食べられない」というのが悲しくて、だったら半分残して母にあげようかとか、自分だけ食べて悪かったとか、どうにも気持ちが乱れて急に涙が込み上げた。表面的に見れば私は「変な子」だが、その心の中には、子どもならではの気持ちがあったのだ。

長じて自分が母親になったとき、我が子を見て「変な子だわ」と思うことがしばしばあった。「ダメな子」とも感じたし、「暗い」とか、「情けない」とか、シビアな目を向けることも少なくなかった。

だが、振り返ってみれば私自身、「変な子」だったのだ。そして、変な子なりに親への思いがあったり、自分への戸惑いを感じていたりする。そんな子ども時代の気持ちを思い出し、目の前の我が子の言動を「子ども目線」で見るとまた違った印象になった。

消極的な我が子にイラつくときは、そういえば私も子どものころは小心者だったなとか、宿題もせずゲームばかりやっているときは、私も昔はマンガばかり読んでいたっけ、そんなふうに思い返したりした。

「わかりあう」より「わかちあう」

親が自分の子ども時代を振り返ることで、我が子への視点が変わる。あるいは、親が過去の体験談を語ることで、子どもが親をより身近に感じる。そうした小さなきっかけが、親子の関係を変える可能性はあるのだが、ここで注意したいのは「親子といえども別の人間」ということだ。

親は知らず知らずのうちに、つい「決めつけ」に走る。自分の子ども時代を振り返り、あのころこんな気持ちだったなぁと子ども目線を取り戻すのはいいとして、だから今、目の前にいる我が子も同じ気持ちだろうと決めつけるのは避けたい。

親と子の育った環境は大きく違う。特に、今の子どもたちは、ネット社会というまったく新しい環境に育ち、子ども同士の微妙なコミュニケーションに翻弄され、身近に頼れる他者もいない。

親の子ども時代にはうまくできたことができなかったり、逆にむずかしかったことがいともたやすく可能になったりする。

たとえば、親は子どものころ近所の友達と「遊ぼう」のひとことで簡単に外遊びができたが、今の子どもたちにはハードルが高い。一方で、かつてなら考えられなかった便利な機器が子どもの日用品、常識になっている。

どんな時代でも子どもの心は同じ、と言いたいところだが、現実はやはりそう甘いものでもない。子どもの本質そのものは変わらなくても、彼らを取り巻く社会環境が大きく変われば当然影響を受けてしまう。

安易に、子どもの気持ちがわかる、と決めつけるのではなく、「自分の子ども時代の気持ちはこうだったが、今、おまえの気持ちはどうだい?」、そんなふうにコミュニケーションを持ちたい。その際、子どもが「自分の気持ち」を口にしなかったとしても、そこには「気持ちを言えないときの気持ち」があることも、心のどこかに留めておけるといいだろう。

また、子どもの気持ちがわからないからといって、子どもを問い詰めたり、自分を責めたりする必要もないと思う。そもそも人は、自分以外の人の気持ちなど本当にわかりはしないのだ。

どんなに愛し合っている関係だろうと、日々生活を共にする家族だろうと、「わかりあう」のはむずかしい。もちろん、互いにわかりあおうと努力するのはいいが、「わかりあえない」からといって相手に失望したり、わかってくれない人を恨んだりしても何の解決にもならない。

子どもや子育ての現場を取材して痛感するのが、この「わかりあいたいのに、相手がわかってくれない」という思いに苦しむ人の多さだ。子どもは親に、自分のことをわかってほしいと思っている。親もまた子どもに、親の気持ちをわかってほしいと思ったり、子どもの気持ちをしっかりわかっておきたいと願う。

どちらの気持ちももっともだが、それでもなお、わかりあえないことはある。繰り返しになるが、親子といえども別の人間だからだ。

ただし、「わかちあう」ことはできる。自分の喜びを相手におすそ分けする、相手の苦しみが少しでも軽くなるよう自分にできることをする、そんなふうに「わけあいましょう」と伝えることはできるはずだ。

実際、取材先の子どもにうっかり「気持ちわかるよ」などと口にすると、ケッという冷たい顔をされ、「何がわかるって言うんだよ、うせろ」と怒られたことも二度や三度ではない。

ところが、「ごめん、あなたの気持ちはよくわかんない。でも、もしも苦しい思いをしてるなら、その苦しさをほんのちょっとかもしれないけど私が受け止めてもいい?」と言ったりすると、素直に心を開いてくれることがある。

子どもはおとなに比べて未熟な存在だが、その未熟さゆえにかえってごまかしがきかない。わかってもいないのに「わかったふう」な親を、彼らは案外冷静に見ている。ましてや、わかったふうに子どもを仕切ったり、親の勝手な思いを押しつけたりすれば、子どもはそれこそ親と「わかりあえない」と寂しさを募らせてしまうだろう。

親が子どもに伝えるとしたら、「わからないこともあるけど、あなたのことをわかりたいと思っている」とか、「わからないから教えてくれる?」とか、「全部わかりあうのは無理だけど、少しでもわかちあっていこうね」とか、そういう真摯な言葉ではないだろうか。

また、親自身の気持ちを子どもに伝えることも大切だと思う。親には親なりの思いや願い、悩みや苦しみがある。もっと基本的なところでは、親には親の生活や仕事がある。

子どもに「学校はどう?」とか、「友達との関係は?」と聞く親は多いが、一方で親自身の仕事や状況をどれくらい語っているだろうか。言い換えれば、親は「自分をわかってもらうための努力」をどれほどしているのだろうか。

親というリアルな情報源

私が取材で会ってきた子どもたちは、親の生活をほとんど知らなかった。たとえば父親のことなら、勤務する会社や所属する部署くらいは知っているが、それも聞きかじり程度。具体的な収入、日々担当する仕事、そもそもなぜその会社で働くことになったのか、仕事のやりがいや悩みなど、肝心なことは聞かされていない。

母親のほうは、父親に比べれば情報量が多い。家事やパートの仕事、こんな俳優のファンだとか、最近ダイエットをはじめたとか、結構バラエティに富んだ話が出てくるが、ではどんなふうに家計のやりくりをしているか、パート先でどう働いているか、そこまで知っている子どもはめったにいない。

結局子どもたちは、仕事をするとはどういうことか、お金を稼ぐにはどんな苦労があるか、結婚したり子どもを持ったりするのはどう幸せなのか、具体的なことがわからない。そうして、せっせとネットで検索したり、他人のカキコミを見たりする。ネット掲示板に寄せられる刺激的なコメントを鵜呑みにして、「将来やばいよ」、「仕事なんかできるかな」などと不安をふくらませる。

すぐ身近に「見本」となる親がいて、リアルな情報源があるのに、子どもには親の生活や生き様、思いが伝わっていないのだ。

むろんこれは、子どものほうが「知りたくない」と拒絶しているわけではない。親が話していないから、子どもは知りようがない。ではなぜ親は、自分の仕事や生活を語ろうとしないのか。

忙しくていちいち話などできないとか、話したところで子どもには理解できないと思っているかもしれない。機会があれば話したいが、ついあとまわしにしているのかもしれない。「語るほどのことがないから」とか、「たいした仕事をしてるわけじゃないから恥ずかしい」という気持ちもあるかもしれない。

だが、実際に何を語るかよりも、「どうせ子どもにはわからない」、「語るほどのことがない」というその姿勢こそが問題だ。親が自分の生き様を見せずに、子どもはいったい誰から生きる力を学ぶのか。

むろん、親自身も失敗し、挫折も多い。そういう自分が「恥ずかしい」からと、隠しておきたくなるのももっともだろう。右肩下がりのこの時代、がんばっても報われないことが多いし、自分の思いどおりにならないこともまた多い。社会に対する閉塞感や、将来への不安感も増している。

親にしてみれば自分の「しょぼい話」より、明るく理想的な他人の生き様を見本にしてほしいと思っても仕方ないかもしれないが、子どものほうは親のことが知りたいのだ。大好きな、そして大切な親の生き様を知ることで、彼らはリアルな人生に触れるのだと思う。

母親は「下流」なのか

以前、私が書いた短編小説の中に、「はたらく喜び」という作品が収録されている。これは、実際の取材をベースにしたものがたりで、小学六年生の男の子と四十歳の母親が出てくる。当時の取材をもとに、ここに概略をまとめてみたい。

――母親はコンビニ弁当を製造する工場で働いているが、息子はその仕事を「下流」だと揶揄《やゆ》する。学校の宿題で、身近なおとなから仕事の体験談を聞くという課題が出され、「下流ネタのほうが個性的でウケるだろう」と母親へのインタビューを試みる。

母親は弁当製造工場で「ライン」と呼ばれる仕事に就いていた。ベルトコンベアーで運ばれてくる容器に担当の食材を盛りつけるという作業だ。

特別むずかしい技術が必要なわけではないし、資格も必要ない。誰にでもできる単純な仕事と思われているが、「実際にやってみると単純じゃない」、そう母親は子どもに告げる。

始業は朝の九時だが、三十分前には出勤して指定の制服に着替える。頭をすっぽり覆う帽子、長袖の上着と長ズボンの白衣、使い捨てのマスク、エプロン、アームカバー、手袋、靴カバーが必須だ。

滅菌のエアシャワーを浴びたら、ラインの指定場所に就く。自分の横には食材を入れた大きなコンテナ箱があり、ベルトコンベアーで流れてくる容器に担当の食材、たとえばキャベツの千切りを盛りつけるのだが、スピードが速いので慣れないうちは流れにまったくついていけない。

食材を盛りつけられないとすぐにラインが止まり、「おい、キャベツ担当、何やってんだ！」と上司の怒号が響く。作業が中断されるから、そのぶん残業になってしまい、他の従業員からも冷たい視線が浴びせられる。

迷惑をかけてはいけないと必死でラインの流れについていくが、焦って作業すると盛りつけが崩れたりする。そしてまた、「おいキャベツ、汚ねぇじゃないか、バカヤロー」と怒鳴られるのだ。

なんとかラインの流れについていけたとしても、すべての容器に「定量」で盛りつける必要がある。要は、余っても足りなくなってもダメということだが、たとえば十グラムのキャベツの千切りを三千個の弁当容器に定量どおり盛りつけるのは容易ではない。

母親は息子にこう話す。

「慣れないうちは腕も腰も目も頭も、言葉では説明できないほど疲れちゃう。おまけに、いつ怒鳴られるかと思うから、緊張感で手足がブルブル震えちゃう。それでなおさらうまくいかないっていう悪循環」

なんとか午前中の作業を終え、一時間の昼休みをはさんで午後の仕事がはじまる。終業時刻は午後四時になっているが、定時には終わらない。工場には「製造ノルマ」があり、一日あたり五千個の弁当を出荷するなどと課せられているからだ。

当日の製造ノルマが達成できるまでは、絶対にラインを離れられない。工場の規定では三時間の作業につき十五分の休憩が取れることになっているが、ノルマの達成が遅れればそれもカット。気づけば午後一時から午後七時まで延々六時間立ちつづけ、トイレにも行けず、水の一杯も飲めない。

母親がどんなふうに働いているかを聞かされた息子は、大きなショックを受ける。ふざけて「下流」などと考えていたが、その現実は想像以上に過酷だったと知るのだ——。

「はたらく喜び」を知る子ども

小説のほうではこのあとで、母親から職場の人間関係やそこで働く人たちの人生模様が語られる。きつい仕事で、労働環境に問題はあるのだが、苦しい中でも楽しみを見つける、それは人生も同じだ、そんなふうに母親は言う。そして最後に、「働く＝はたらく」という言葉に秘められた解釈を子どもに教える。

「はたらくとは、はたをらくにすること」、そう母親は息子に話すのだが、「はた」とは自分のそばにいる人や近くにいる人。つまり、身近な人を楽にする、楽しくさせてあげようという気持ちが「はたらく」こと、それは自分にとっても喜びになる、と伝えるのだ。

実際の取材では「働く」という文字が「にんべん＋動く」なので、人のために動くのが働く、そんな話も出ていたが、いずれにせよこうした話が親から子どもに伝えられることはどんな立派な教材よりすぐれたものだと思う。

この作品のモデルになった男の子の後日談を報告しよう。前述したように、彼は母親の話に大きなショックを受けたのだが、その後は非常に前向きになった。母親の仕事や自分の感想をまとめたレポートは高い評価を受け、地域の全小学校を対象にしたコンクールで最優秀賞を取った。

一方で、男の子は自分が「はたらく」ことについて深く考えるようになった。「ただのパート」、「下流」などと思っていた母親の職場の厳しい現実を知り、またそこにあるさまざまな人生模様を教えてもらい、子どもなりに感じることが多々あったのだろう。

それまで、彼は自分を指して「才能も取り柄もないどんくさいヤツ」と称していた。親子の関係もごく平凡なもので、それほど突っ込んだ会話もなく、日常はただ流れるように過ぎていた。

だが、母親の生き様にふれ、リアルなたくましさを知って、男の子の心には強い思いがわき上がった。その後、父親にも仕事の話を聞き、予想もしていなかった「はたらく父」の現実を見せつけられて、なおさら強い思いを抱いたという。

取材から六年が経ち高校三年生になった彼は、国立大学の法学部を目指して受験勉強をしている。両親の「はたらく」姿を知って以来、弁護士を目指すことに決めたのだ。

久しぶりに会った彼は、以前と変わりない童顔に柔和な笑みを浮かべていた。一見するとどこか頼りないが、その言葉は力を帯びて熱かった。

「高校に入ってから、いろんなバイトしたんですよ。郵便局で年賀状の仕分けとか、ハンバーガー屋のクリーンスタッフ（清掃係）とか、あと洋菓子の製造工場も結構長く行ってましたね。母親から聞いたラインの仕事を身をもって経験して、いやぁマジきつかったです。でも、いろいろ学んだし、おとなってすげえな、と思いました」

「おとなってすげえ、かぁ。でも、もう少ししたらそのおとなの仲間入りだよね。弁護士を目指してるって言ったけど、それはなぜ？」

私の問いに、彼は軽く照れたような顔で言った。

「母親が働いてる工場のこともそうだけど、今はブラック企業とか、労働環境が悪いでしょ。困っていても声を上げられない人はたくさんいるだろうし、弁護士になって、そういう人の力になれたらなぁって。まぁ、ほんとになれるかどうかわかりませんけどね」

「そうか、はたをらくにするだけじゃなくて、もっとたくさんの人を楽にする、幸せにするためにがんばりたいってことか。すごーい、イケてるじゃん」

そう冗談めかして言うとますます照れたように笑い、少しの間を置いて私の目をまっすぐに見た。

「あのとき、母から仕事の話を聞けてよかったです。あれがなかったら、今の僕はこんなに必死になれなかった」

うんうん、とうなずきながら、私は思わず胸が詰まった。

親はつい、子どもを強くしたい、もっと勝たせたい、そう思いがちだ。そのためにたくさんのモノを与えたり、せっせと教育したり、熱く叱咤激励する。

だが、子どもはもっと自然に、彼らなりの豊かな感性で、「親がどんなふうに生きているか」を見ている。

懸命に働く姿もすばらしいが、必ずしもいいことだけを見せる必要はないように思う。

失敗や間違い、挫折があっても、おとなが生きるありのままを見せれば、子どもはきっとそこから学ぶ。

彼らの心を強くするのは「リアルな人の姿」だと、数々の取材を重ねてそう思う。

おわりに

私がプロのライターとしてデビューしたとき、二人の子どもは小学三年生と一年生だった。

それまで、アマチュアに毛の生えた程度で取材をしたり、ミニコミ紙制作に関わったりしていたが、ありがちな「家庭に支障がない程度」の仕事で、プロの責任感やプレッシャーとは遠い場所にいた。

私に任せられたのは、週刊誌の連載という仕事だった。三十歳前後の読者を対象にした人気の高い雑誌で、連載陣には著名人やマスコミ業界の若手論客が名を連ねる。

家事や子育ての合間にちょこちょこと原稿を書いていた私にとって、そこはまったくの別世界。最初に編集部を訪れたとき、床から山のように資料が積み上がっていたり、ソファーの上で新聞紙を掛け布団代わりに寝ている若い記者たちを目にして、場違いなところに足を踏み入れた自分に身が縮んだ。

編集長も担当デスクも、私が子持ちの主婦だということは知っていたが、素人同然だろうとなんだろうとむろん特別の配慮などない。他の連載陣と同様、毎週締切は決まっているし、誌面にふさわしいクオリティが求められる。

連載がはじまって二カ月ほど経ったとき、デスクから「特集記事を書いてみないか」と声をかけられた。他のライターやカメラマンと組んで巻頭のカラーを十ページ。そのうえ、連載のページも通常どおり担当しなくてはならない。

正直、大変な仕事量になると感じたが断れなかった。デスクが特集記事を任せてくれた背景には、連載ページへの注目を集め、ライターとしての私の成功を後押ししようといった気持ちがあることが察せられた。

「やります」と言ったはいいが、胸の中は不安でいっぱいだった。スキルはもちろん、長く業界にいるライターたちと組んでいくのも自信がなかったし、なにより「家のこと、大丈夫かな……」と気が気ではない。

不安は的中し、私は取材に打ち合わせにと走り回る羽目になった。その間、当然ながら「家庭に支障がない程度」というわけにはいかない。自営業だった夫は仕事の時間が不規則で、そうそうあてにすることもできなかった。

あるとき、夕方からの取材と打ち合わせの予定が入った。夫の都合を確認すると、「夜八時くらいには帰れそう」と言う。それを聞いた私は安心し、夕食用の食事を用意して、子どもたちにこう告げた。

「八時になったらお父さんが帰ってくるから、そしたらご飯を温めて食べてね」

子どものお風呂も、宿題も、寝かしつけも、帰宅した夫がやってくれるだろうと思い込んで、私は自分の仕事を夢中でこなしていた。ようやく帰宅したのは深夜の一時過ぎだったが、門を開けようとしてハッとした。カーテンも閉まっていない部屋から煌々と明かりが漏れ、ガラス越しにテレビがつきっぱなしになっているのが見えたのだ。

何事か、と転げるように部屋に入って愕然とした。子どもたちが服を着たまま、カーペットの上で体を丸めるように寝ている。食卓にはラップにくるまれた手つかずの食事がそっくり残り、宿題をやろうとしていたのか漢字の練習帳や算数ドリルが広げられていた。

私はあわててつきっぱなしのテレビを消し、子どもたちを抱えてベッドに運ぶと、食卓に戻ってひとり立ちすくんだ。

なぜ夫が帰っていないのか理由はわからなかったが、おそらく顧客に誘われて断りきれず飲みに行ってしまったのだろうと思った。案の定、夫は間もなく酔った顔で帰ってきて、いかにもバツの悪そうに寝室へ直行してしまう。

夫を問い詰めて文句を言う気にもなれなかった。慣れない取材や人間関係に疲れ、明日はまた大切な原稿を書かなくてはいけないような状況で、深夜に夫婦ゲンカを繰り広げたところでさらに疲れるだけだ。

夫を責めたい気持ちもあったが、私が何か言って、「だったらおまえ、仕事やめれば?」、そう切り返されたらグウの音も出ない。

世の中には、妻が新しい世界で活躍していくことを喜ぶ夫もいるが、どこか引っかかる、なんとなくおもしろくない、そんなふうに素直になれない人もいる。応援したい気持ちの一方で男のプライドが邪魔をしたり、夫婦の力関係が変わることが複雑だったり、そうしたケースは取材の中でも決して珍しくない。

ちなみに妻のほうだって、夫が自分の世界をどんどん広げてしまうとおもしろくなかったりする。夫婦二人三脚とはよく言ったもので、どちらかが急に歩調を速めたり、それまでとは違う方向を目指そうとすると、その関係にはある種の緊張感が生まれるものだ。

寝室に行ってしまった夫はそのままにして、私は力なく食卓の椅子に座った。そっくり残った食事の皿を前にたまらず涙が込み上げて、ついにはわんわんと大泣きした。

何をやってるんだろう、そう思った。まだ幼い子どもたちにこんなかわいそうな思いをさせて、いったい私は何をやってるんだろうと胸が締めつけられる。

夕食もとらず、お風呂にも入らず、ひたすら親の帰りを待っていた子どもたちの心細さを思うと、あとからあとから涙が込み上げてどうにもならない。

仕事なんかやめちゃえ、という心の声が聞こえた。それでなくても場違いな、たいしたスキルもない自分が、週刊誌などという特殊な世界で働くこと自体が間違っている、そう思った。

子どものためにも、夫のためにも、私はまた元の「家庭に支障がない程度」の場所に戻ろう。毎日、子どもたちに「お帰り」と言ってあげて、温かい食事を用意して、母親としての幸せを大切に生きよう。

そんなふうに思いながら、手つかずの食事や子どもが広げたままの漢字練習帳を片付けようとしたときだ。涙で腫れぼったくなった私の目は、子どもが練習していたある漢字に釘付けになった。

「力、力、力、力、力」、ノートのマス目いっぱいに、「力」という漢字がたくさん書かれている。

ちょうど授業で習ったのか、それとも自習で書いたのかはわからなかったが、下手くそながらも強い筆圧で書かれたその文字が胸に刺さった。

私は今、本当に自分の力を尽くしているだろうか、そんな自問が込み上げた。

自分の力のなさをごまかすために、子どもがいるから、家庭があるから、と言い訳してはいないだろうか。

もしも「子どものために」という理由でこの状況から逃げ出したら私は楽かもしれないが、そんなふうに言われる子どものほうはどうだろうか。

そもそも、思いどおりにならないことばかり数えて悲劇のヒロインぶっている自分は、子どもにとって本当に誇らしい母親なのだろうか――。

私は指で、子どもが書いた「力」という漢字を何度もなぞった。無機質な紙のノートなのに、その手触りが妙に熱く感じられた。そうして、やれることは精一杯やってみよう、持てる力は惜しまず使ってみよう、そんな気持ちが自然にわき起こった。

手始めに新しいノートを引っ張り出し、表紙に「おるすばんノート」と書いた。私の留守中に少しでも子どもが困らないよう、緊急の連絡先や電化製品の使い方、戸締りや冷暖房の操作など、細々した注意事項をなるべくわかりやすく書き込んだ。

当時、携帯電話はまだたいして普及しておらず、当然、子ども用のケータイなどなかったから、家の固定電話に私と夫の携帯番号を登録してワンタッチダイヤルで掛けられるようにした。

翌日から、子どもと一緒に家中のチェックをした。たとえばクーラーのリモコン操作などおとなにとっては簡単だが、「温度調節」や「風量、風向」などという文字が子どもにはピンとこない。

あるいは、携帯電話の留守番機能にメッセージを吹き込むにしても、「ピーッという発信音のあとに○秒以内でメッセージを入れてください。終わりましたら①とシャープを押してうんぬん……」といった自動音声が理解できなかったりする。

急な雨で洗濯物を取り込むといった場合でも、子どもの身長では物干しざおに手が届かない。どんな工夫をすればスムーズにできるか、親子で試行錯誤を繰り返す。

さまざまなことを、何度となく練習させた。それまで、何かにつけて私に頼りきり、甘えっぱなしだった子どもにとっては、まさに青天の霹靂だっただろう。

それでも、子どもたちは健気だった。幼い心なりに感じ取るものがあったのか、一生懸命食器の洗い方を覚えたり、お風呂掃除に取り組んだり、「おるすばんノート」を復唱したりした。

あのときの決断が正しかったのかどうか、いまだにわからない。たくさんの紆余曲折があったし、後悔や自責の念もつきまとった。

ただひとつだけ確かに言えるのは、子どもは親が思う以上に強く、優しいということだ。

彼らは、深く柔らかいまなざしでいつも親の姿を見ている。親の笑顔を純粋に喜んでくれるし、親の悲しみを真摯に受け止めようとする。

親の強さも弱さも、正しさも過ちも、子どもたちはしっかりと感じている。そうして、親から学んだり、反発したりしながらも、いつしか親を乗り越える力を持っている。

私たち親は、ただ子どもを信じていればいいのだと思う。「あなたを信じている」と伝えておけば、どういう形であれ子どもはみずからの力できっと歩いていく。

この本のタイトルには「育てる」という言葉が使われているが、それは決して親から子への一方的な愛ではない。

親のほうも、日々子どもに育ててもらっている。その強さと優しさに支えられ、数えきれないほどの幸せを与えられている。

互いに心を育て合い、わかちあっていけば、それこそが親子の関係をより豊かにしてくれるのだと思う。

二〇一三年十月　石川結貴

石川 結貴（いしかわ ゆうき）

1961年静岡県伊東市生まれ。現在、千葉市在住。
家族、教育、子育て、児童虐待などをテーマに、現代家族のリアルな問題を描き出す話題作を発表。2013年時点で20冊の著作が刊行されている。
希薄化した地域社会の中で取り残される子どもの現実を著した『ルポ　子どもの無縁社会』（中央公論新社）は大きな反響を読んだ。短編小説集『小さな花が咲いた日』（ポプラ社）は、平成20年度〜25年度の中学・高校入試問題（国語）として採用されている。
週刊文春、AERA、婦人公論等の雑誌では、青少年のネット利用やいじめ、教育問題の特集記事を執筆する。
出版以外にも、新聞への寄稿、テレビ、ラジオ出演、講演会など幅広く活躍中。
公式ホームページ　http://ishikawa-yuki.com/
［主な著書］
『ルポ　子どもの無縁社会』中央公論新社／中公新書ラクレ
『暴走育児』筑摩書房／ちくま新書
『モンスターマザー』光文社（中国語、韓国語で翻訳出版）
『家族は孤独でできている』毎日新聞社
『母と子の絆』洋泉社

心の強い子どもを育てる——ネット時代の親子関係

2013年11月20日　初版第1刷発行

著者 ———— 石川結貴
発行者 ——— 平田　勝
発行 ———— 花伝社
発売 ———— 共栄書房
〒101-0065　東京都千代田区西神田2-5-11 出版輸送ビル2F
電話　03-3263-3813
FAX　03-3239-8272
E-mail　kadensha@muf.biglobe.ne.jp
URL　http://kadensha.net
振替　00140-6-59661
装幀 ——— 黒瀬章夫（ナカグログラフ）
印刷・製本 —— 中央精版印刷株式会社

ISBN 978-4-7634-0682-8 C0037